297
AF305809

RECUEIL

DE

CHANTS RELIGIEUX

LATINS, BASQUES, FRANÇAIS, ESPAGNOLS

A L'USAGE

DES ÉLÈVES DE L'ÉCOLE CHRÉTIENNE

DE HASPARREN

BAYONNE

Imprimerie-Librairie Lasserre, rue Gambetta, 20

—

1900

CHANTS LATINS

Hymnes qui ne se trouvent pas dans le Petit Paroissien à l'usage des Fidèles

---

HYMNE DES APOTRES (Temps Pascal)

1

Tristes erant Apostoli
De Christi acerbo funere,
Quem morte crudelissima
Servi necarant impii.

2

Sermone verax Angelus
Mulieribus prædixerat :
Mox ore Christus gaudium
Gregi feret fidelium.

3

Ad anxios Apostolos
Currunt statim dum nuntiæ,
Illæ micantis obvia
Christi tenent vestigia.

4

Galilææ ad alta montium
Se conferunt Apostoli,
Jesuque, voti compotes,
Almo beantur lumine.

5

Ut sis perenne mentibus
Paschale, Jesu, gaudium,
A morte dira criminum
Vitæ renatos libera.

6

Deo Patri sit gloria,
Et Filio qui a mortuis
Surrexit, ac Paraclito,
In sempiterna sæcula. Amen.

℣. Sancti et justi, in Domino gaudete, alleluia.
℟. Vos elegit Deus in hæreditatem sibi, alleluia.
Ou bien : ℣. Pretiosa in conspectu Domini, alleluia.
℟. Mors sanctorum ejus, alleluia.

COMMUN DE PLUSIEURS MARTYRS
(Temps Pascal)

I

Rex gloriose Martyrum,
Corona confitentium,
Qui respuentes terrea
Perducis ad cœlestia :

2

Aurem benignam protinus
Intende nostris vocibus :
Trophæa sacra pangimus,
Ignosce quod deliquimus.

3

Tu vincis inter Martyres,
Parcisque confessoribus :
Tu vince nostra crimina,
Largitor indulgentiæ.

4

Deo Patri sit gloria,
Et Filio qui à mortuis
Surrexit, ac Paraclito,
In sempiterna sæcula. Amen.

ỹ. Sancti et justi, in Domino gaudete, alleluia.
ℝ. Vos elegit Deus in hereditatem sibi, alleluia.

Ou bien : ỹ. Pretiosa in conspectu Domini, alleluia.

ℝ. Mors sanctorum ejus, alleluia.

HYMNE DE LA CHAIRE DE S. PIERRE A ROME

18 Janvier

I

Quodcumque in orbe nexibus revinxeris
Erit revinctum, Petre, in arce siderum :
Et quod resolvit hic potestas tradita,
Erit solutum cœli in alto vertice :
In fine mundi judicabis sæculum.

2

Patri perenne sit per ævum gloria ;
Tibique laudes concinamus inclytas,
Æterne Nate ; sit, superne Spiritus,
Honor tibi decusque : sancta jugiter
Laudetur omne Trinitas per sæculum. Amen.

ỹ. Tu es Petrus,
ℝ. Et super hanc petram ædificabo Ecclesiam meam.

Ou bien : ỹ. Elegit te, Dominus, sacerdotem sibi.
ℝ. Ad sacrificandum ei hostiam laudis.

HYMNE DE LA CONVERSION DE S. PAUL
25 Janvier

1

Egregie doctor Paule, mores instrue,
Et nostra tecum pectora in cœlum trahe :
Velata dum meridiem cernat fides,
Et solis instar sola regnet charitas.

2

Sit Trinitati sempiterna gloria,
Honor, potestas, atque jubilatio,
In unitate quæ gubernat omnia,
Per universa æternitatis sæcula. Amen.

℣. Tu es vas electionis, sancte Paule Apostole;
℟. Prædicator veritatis in universo mundo.

HYMNE POUR L'APPARITION DE L'IMMA-
CULÉE CONCEPTION A LOURDES
11 Février

1

Omnis expertem maculæ Mariam
Edocet summus fidei magister;
Virginis gaudens celebrat fidelis
 Terra triumphum.

2

Ipsa, se præbens humili puellæ
Virgo spectandam, recreat paventem,
Seque conceptam sine labe, sancto
 Prædicat ore.

3

O specus felix, decorate divæ
Matris aspectu! veneranda rupes,

Unde vitales scatuere pleno
    Gurgite lymphæ.

4

Huc catervatim pia turba nostris,
Huc ab externis peregrina terris
Affluit supplex, et opem potentis
    Virginis orat.

5

Excipit Mater lacrymas precantum,
Donat optatam miseris salutem;
Compos hinc voti patrias ad oras
    Turba revertit.

6

Supplicum, Virgo, miserata casus,
Semper o nostros refove labores,
Impetrans mœstis bona sempiternæ
    Gaudia vitæ.

7

Sit decus Patri, genitæque Proli,
Et tibi compar utriusque virtus
Spiritus semper, Deus unus omni
    Temporis ævo. Amen.
℣. Dignare me laudare te, Virgo sacrata.
℟. Da mihi virtutem contra hostes tuos.

HYMNE DES SEPT SAINTS FONDATEURS
DE L'ORDRE DES SERVITES
11 Février

I

Bella dum late furerent, et urbes
Cæde fraterna gemerent cruentæ,
Adfuit virgo, nova semper edens
    Munera matris.

2

En vocat Septem Famulos fideles
Ut sibi, in luctu, recolant dolores,
Quos tulit Jesus, tulit ipsa consors
Sub cruce Nati.

3

Illico parent Dominæ vocanti :
Splendidis tectis opibusque spretis,
Urbe secedunt procul in Senari
Abdita montis.

4

Corpora hic pœnis cruciant acerbis,
Sontium labes hominum piantes :
Hic prece avertunt lacrymisque fusis
Numinis iram.

5

Perdolens Mater fovet, atque amictum
Ipsa lugubrem monet induendum :
Agminis sancti pia cœpta surgunt
Mira patescunt.

6

Palmes in bruma viridans honores
Nuntiat patrum : proprios Mariæ
Ore lactenti vocitant puelli
Nomine Servos.

7

Sit decus Patri, genitæque Proli,
Et tibi, compar utriusque virtus
Spiritus semper, Deus unus, omni
Temporis ævo.

℣. Hi viri misericordiæ sunt, quorum pietates
non defuerunt.

℟. Semen eorum, et gloria eorum non derelin-
quetur.

HYMNE DE SAINT LÉON, MARTYR
ET ÉVÈQUE DE BAYONNE

1er Mars

I

Audiat tellus, faveatque cœlum :
En dies festus rediit Leoni,
Quo pios cantus decet atque sacras
    Pangere laudes.

2

Hunc sinu fovit pietas benigno ;
Hunc fides custos clypeo potenti
Induit, puris adolevit intus
    Gratia flammis.

3

Inclytis fulgens titulis, avitum
Sponte proculcat decus ; atque grandi
Cuncta dum sordent animæ, fit unus
    Omnia Christus.

4

Mundus incassum juveni superbos
Explicat fastus : pia vota cœlum
Ambiunt ; illic meliore splendet
    Stemma nitore.

5

Hinc juvat Christi pretiosa ferre
Probra : sed virtus latitare nescit ;
Luce diffusa, radians ad altos
    Surgit honores.

6

Dum vovit sese pecori tuendo,
Tota portentis celebratur ætas ;
Donec optata liceat parare
Morte coronam.

7

Summa laus summo sit ubique Patri ,
Summa laus summo sit ubique Nato ,
Par sit amborum tibi laus per omne,
Spiritus, ævum. Amen.

℣. Ora pro nobis, sancte Leo.
℟. Ut digni efficiamur promissionibus Christi.

HYMNE DE S. GABRIEL ARCHANGE

18 Mars

I

Christe, sanctorum decus Angelorum,
Gentis humanæ Sator et Redemptor,
Cœlitum nobis tribuas beatas
Scandere sedes.

2

Angelus pacis, Michael, in ædes
Cœlitus nostras veniat, serenæ
Auctor ut pacis lacrymosa in orcum
Bella releget.

3

Angelus fortis Gabriel, ut hostes
Pellat antiquos, et amica cœlo,
Quæ triumphator statuit per orbem
Templa revisat.

4

Angelus nostræ medicus salutis,
Adsit e cœlo, Raphael, ut omnes
Sanet ægrotos, dubiosque vitæ
            Dirigat actus.

5

Virgo dux pacis, genitrixque lucis,
Et sacer nobis chorus Angelorum
Semper assistat simul et micantis
            Regina Cœli.

6

Præstet hoc nobis Deitas beata
Patris ac Nati, pariterque sancti
Spiritus, cujus resonat per omnem
            Gloria mundum. Amen.

℣. Stetit angelus juxta aram templi.
℟. Habens thuribulum aureum in manu sua.

Ou bien : ℣. In conspectu angelorum psallam tibi, Deus meus.

℟. Adorabo ad templum sanctum tuum, et confitebor nomini tuo.

HYMNE DE SAINT MICHEL
8 Mai et 29 Septembre

1

Te splendor et virtus Patris,
Te, vita, Jesu, cordium,
Ab ore qui pendent tuo,
Laudamur inter Angelos.

2

Tibi mille densa millium
Ducum corona militat:

Sed explicat victor crucem
Michael salutis signifer.

3

Draconis hic dirum caput
In ima pellit tartara,
Ducemque cum rebellibus
Cœlesti ab arce fulminat.

4

Contra ducem superbiæ,
Sequamur hunc nos Principem,
Ut detur ex Agni throno
Nobis corona gloriæ.

5

Temps Pascal	*Hors le Temps Pascal*
Deo Patri sit gloria,	Patri simulque Filio,
Et Filio qui a mortuis	Tibique sancte Spiritus,
Surrexit, ac Paraclito,	Sicut fuit, sit jugiter
In sempiterna sæcula.	Sæclum per omne gloria.
Amen.	Amen.

℣. Stetit Angelus juxta aram templi.
℟. Habens thuribulum aureum in manu sua.

HYMNE DE SAINT VENANT, MARTYR
18 Mai

I

Martyr Dei Venantius
Lux et decus Camertium,
Tortore victo et judice,
Lætus triumphum concinit.

2

Annis puer, post vincula,
Post carceres, post verbera,

Longa fame frementibus
Cibus datur leonibus.

3

Sed ejus innocentiæ
Parcit leonum immanitas,
Pedesque lambunt martyris
Iræ famisque immemores.

4

Verso deorsum vertice,
Haurire fumum cogitur,
Costas utrinque et viscera
Succensa lampas ustulat.

5

Sit laus Patri, sit Filio,
Tibique, Sancte Spiritus,
Da per preces Venantii
Beata nobis gaudia. Amen.

HYMNE DE NOTRE-DAME AUXILIATRICE

24 Mai

I

Sæpe dum Christi populus cruentis
Hostis infensi premeretur armis,
Venit adjutrix pia Virgo cœlo
    Lapsa sereno.

2

Prisca sic Patrum monumenta narrant,
Templa testantur spoliis opimis
Clara, votivo repetita cultu
    Festa quotannis.

3

En novi grates liceat Mariæ
Cantici lætis modulis referre,
Pro novis donis, resonante plausu
  Urbis et Orbis.

4

Oh ! dies felix, memoranda fastis,
Qua Petri sedes fidei Magistrum
Triste post lustrum reducem beata
  Sorte recepit !

5

Virgines castæ, puerique puri,
Gestiens clerus, populusque grato
Corde Reginæ celebrare cœli
  Munera certent.

6

Virginum Virgo, benedicta Jesu
Mater, hæc auge bona ; fac, precamur,
Ut gregem Pastor pius ad salutis
  Pascua ducat.

7

Te per æternos veneremur annos,
Trinitas, summo celebranda plausu,
Te fide mentes, resonoque linguæ
  Carmine laudent. Amen.

HYMNE DE Sᵗᵉ JULIENNE DE FALCONIÉRI
19 Juin

i

Cœlestis Agni nuptias,
O Juliana, dum petis,
Domum paternam deseris,
Chorumque ducis Virginum.

2

Sponsumque suffixum Cruci
Noctes diesque dum gemis,
Doloris icta cuspide,
Sponsi refers imaginem.

3

Quin septiformi vulnere
Fles ad genu Deiparæ;
Sed crescit infusa fletu,
Flammasque tollit charitas.

4

Hinc morte fessam proxima
Non usitato te modo
Solatur et nutrit Deus,
Dapem supernam porrigens.

5

Æterne rerum Conditor,
Æterne Fili, par Patri,
Et par utrique, Spiritus,
Soli tibi sit gloria. Amen.

HYMNE POUR LA COMMÉMORAISON DE TOUS LES SOUVERAINS PONTIFES

(Ier Dimanche non empêché après la fête de
S. Pierre et de S Paul)

I

Rex gloriose Præsulum,
Corona confitentium,
Qui respuentes terrea
Perducis ad cœlestia.

2

Aurem benignam protinus
Appone nostris vocibus;
Trophæa sacra pangimus,
Ignosce quod deliquimus.

3

Tu vincis in martyribus,
Parcendo confessoribus;
Tu vince nostra crimina,
Donando indulgentiam.

4

Deo Patri sit gloria,
Ejusque soli Filio,
Cum Spiritu Paraclito,
Et nunc et in perpetuum.

℣. Elegit eos Dominus sacerdotes sibi.
℟. Ad sacrificandum ei hostiam laudis.

HYMNE DU PRÉCIEUX SANG DE N.-S. J.-C.

Premier Dimanche de Juillet

I

Festivis resonent compita vocibus,
Cives lætitiam frontibus explicent :
Tædis flammiferis ordine prodeant,
Instructi pueri et senes.

2

Quem dura moriens Christus in arbore,
Fudit multiplici vulnere sanguinem,
Nos facti memores dum colimus, decet
Saltem fundere lacrymas.

3

Humano generi pernicies gravis
Adami veteris crimine contigit :
Adami integritas et pietas novi
    Vitam reddidit omnibus.

4

Clamorem validum summus ab æthere
Languentis Geniti si Pater audiit,
Placari potius sanguine debuit
    Et nobis veniam dare.

5

Hoc quicumque stolam sanguine proluit,
Abstergit maculas, et roseum decus,
Quo fiat similis protinus angelis,
    Et Regi placeat, capit.

6

A recto instabilis tramite postmodum
Se nullus retrahat, meta sed ultima
Tangatur : tribuet nobile præmium,
    Qui cursum Deus adjuvat.

7

Nobis propitius, sis, Genitor potens,
Ut quos unigenæ Sanguine Filii
Emisti, et placido Flamine recreas,
    Cœli ad culminas transferas. Amen.

℣. Te ergo quæsumus, tuis famulis subveni.
℟. Quos pretioso Sanguine redemisti.

HYMNE DES SS. CYRILLE ET MÉTHODE

5 Juillet

1

Sedibus cœli nitidis receptos

Dicite athletas geminos, Fideles;
Slavicæ duplex columen decusque
Dicite gentis.

2

Hos amor fratres sociavit unus,
Unaque abduxit pietas eremo,
Ferre quo multis celerent beata
Pignora vitæ.

3

Luce, quæ templis superis renidet,
Bulgaros complent, Moravos, Bohemos;
Mox feras turmas numerosa Petro
Agmina ducunt.

4

Debitam cincti meritis coronam,
Pergite, o flecti lacrymis precantum;
Prisca vos Slavis opus est datores
Dona tueri.

5

Quæque vos clamat generosa tellus
Servet æternæ fidei nitorem :
Quæ dedit princeps, dabit ipsa semper
Roma salutem.

6

Gentis humanæ Sator et Redemptor
Qui bonus nobis bona cuncta præbes,
Sint tibi grates, tibi sit per omne
Gloria sæclum. Amen.

℣. Sacerdotes tui induantur justitiam.
℞. Et Sancti tui exultent.

HYMNE DE LA FÊTE DE SAINTE MARIE MADELEINE

22 Juillet

1

Pater superni luminis,
Cum Magdalenam respicis,
Flammas amoris excitas,
Geluque solvis pectoris.

2

Amore currit saucia,
Pedes beatos ungere,
Lavare fletu, tergere
Comis, et ore lambere.

3

Adstare non timet Cruci,
Sepulcro inhæret anxia :
Truces nec horret milites,
Pellit timorem charitas.

4

O vera, Christe, charitas !
Tu nostra purga crimina,
Tu corda reple gratia,
Tu redde cœli præmia.

5

Patri, simulque Filio,
Tibique Sancte Spiritus,
Sicut fuit, sit jugiter
Sæclum per omne gloria. Amen.

℣. Diffusa est gratia in labiis tuis.
℟. Propterea benedixit te Deus in æternum.

HYMNE DE SAINT PIERRE AUX LIENS

1er Août

1

Miris modis repente liber, ferrea,
Christo jubente, vincla Petrus exuit :
Ovilis ille Pastor et Rector gregis,
Vitæ recludit pascua, et fontes sacros,
Ovesque servat creditas, arcet lupos.

2

Patri perenne sit per ævum gloria ;
Tibique laudes concinamus inclytas,
Æterne Nate, sit, superne Spiritus,
Honor tibi, decusque : sancta jugiter
Laudetur omne Trinitas per sæculum. Amen.

℣. Tu es Petrus,
℟. Et super hanc petram ædificabo Ecclesiam
meam.

HYMNE de S. EMYGDE, ÉVÊQUE et MARTYR

9 Août

1

Jesu, corona Martyrum
Qui, post cruenta prælia,
Ad sempiterna præmia
Sanctum vocasti Emidium.

2

Casti cruoris purpura,
Palmaque ovantem nobili,
Inter choros Cœlestium
Reples beato lumine.

3

Nunc ejus ad victorias
Nos somnolentos excita ;
Virtutis ad præconia
Sopore mersos libera.

4

Ut invocatus reddidit
Membris salutem languidis,,
Sic labe prorsus criminum
Arcana purget mentium.

5

Ut, editis miraculis,
Aras deorum diruit;
Sic damna præsens arceat
Quæcumque nobis imminent.

6

Ut voce quondam sustulit
Cultus nefandos dæmonum ;
Sic impetres precantibus
Æterna cœli gaudia.

7

Tu postulatis annue,
Rex magne, Jesu, Martyrum,
Cum Patre et almo Spiritu
Regnans per omne seculum. Amen.

℣. Meritis et precibus beati Emidii,
℟. Propitius esto, Domine, clero et populo tuo.

HYMNE POUR LA FÊTE DE LA TRANSFIGU-RATION DE NOTRE-SEIGNEUR

6 Août

1

Quicumque Christum quæritis
Oculos in altum tollite :
Illic licebit visere
Signum perennis gloriæ.

2

Illustre quiddam cernimus,
Quod nesciat finem pati,
Sublime, celsum interminum,
Antiquius cœlo et chao.

3

Hic ille Rex est gentium
Populique Rex Judaici,
Promissus Abrahæ patri
Ejusque in ævum semini.

4

Hunc et prophetis testibus,
Iisdemque signatoribus,
Testator et Pater jubet
Audire nos et credere.

5

Jesu, tibi sit gloria,
Qui te revelas parvulis,
Cum Patre et almo Spiritu,
In sempiterna sæcula. Amen.

℣. Gloriosus apparuisti in conspectu Domini.
℞. Propterea decorem induit te Dominus.

HYMNE DE N.-D. DES SEPT DOULEURS
3e ou 4e Dimanche de Septembre

1

O quot undis lacrymarum
Quo dolore volvitur,
Luctuosa de cruento,
Dum revulsum stipite,
Cernit ulnis incubantem
Virgo mater Filium?

2

Os suave, mite pectus,
Et latus dulcissimum,
Dexteramque vulneratam
Et sinistram sauciam,
Et rubras cruore plantas
Ægra tingit lacrymis.

3

Centiesque milliesque
Stringit arctis nexibus,
Pectus illud, et lacertos,
Illa figit vulnera :
Sicque tota colliquescit
Indoloris osculis.

4

Eia, Mater, obsecramus
Per tuas has lacrymas,
Filiique triste funus,
Vulnerumque purpuram,
Hunc tui cordis dolorem
Conde nostris cordibus.

5

Esto Patri, Filioque,
Et coævo Flamini,
Esto summæ Trinitati
Sempiterna gloria,
Et perennis laus, honorque
Hoc et omni sæculo. Amen.

℣. Regina martyrum, ora pro nobis.
℟. Quæ juxta Crucem Jesu constitisti,

HYMNE POUR LA FÊTE DU SAINT ROSAIRE
Ier Dimanche d'Octobre

I

Cœlestis aulæ Nuntius,
Arcana pandens Numinis,
Plenam salutat gratia
Dei parentem Virginem.

2

Virgo propinquam sanguine
Matrem Joannis visitat,
Qui clausus alvo gestiens
Adesse Christum nuntiat.

3

Verbum, quod ante sæcula
E mente Patris prodiit,
E Matris alvo Virginis
Mortalis Infans nascitur.

4

Templo puellus sistitur,
Legique paret Legifer,
Hic se Redemptor paupere
Pretio redemptus immolat.

5

Quem jam dolebat perditum,
Mox læta Mater invenit,
Ignota doctis mentibus
Edisserentem Filium.

6

Jesu, tibi sit gloria
Qui natus es de Virgine,
Cum Patre et almo Spiritu
In sempiterna sæcula. Amen.

℣. Regina sacratissimi Rosarii, ora pro nobis.
℟. Ut digni efficiamur promissionibus Christi.

HYMNE POUR LA FÊTE DU SAINT ROSAIRE.

Premier Dimanche d'Octobre

1

Te gestientem gaudiis,
Te sauciam doloribus,
Te jugi amictam gloria,
O Virgo Mater, pangimus.

2

Ave, redundans gaudio
Dum concipis, dum visitas,
Et edis, offers, invenis,
Mater beata, Filium.

3

Ave, dolens, et intimo
In corde agonem, verbera,
Spinas, crucemque Filii
Perpessa, princeps Martyrum.

4

Ave, in triumphis Filii,
In ignibus Paracliti,
In regni honore et lumine,
Regina fulgens gloria.

5

Venite gentes, carpite
Ex his rosas mysteriis,
Et pulchri amoris inclytæ
Matri coronas nectite.

6

Jesu, tibi sit gloria,
Qui natus es de Virgine,
Cum Patre et almo Spiritu
In sempiterna sæcula. Amen.

℣. Regina sacratissimi Rosarii, ora pro nobis.
℟. Ut digni efficiamur promissionibus Christi.

HYMNE DES SAINTS ANGES GARDIENS

2 Octobre

1

Custodes hominum psallimus Angelos,
Naturæ fragili quos Pater addidit,
Cœlestis comites, insidiantibus
    Ne succumberet hostibus.

2

Nam quod corruerit proditor Angelus,
Concessis merito pulsus honoribus,
Ardens invidia, pellere nititur
    Quos cœlo Deus advocat.

3

Huc, custos, igitur, pervigil, advola
Avertens patria de tibi credita
Tam morbos animi, quam requiescere
Quidquid non sinit incolas.

4

Sanctæ sit Triadi laus pia jugiter
Cujus perpetuo numine machina
Triplex hæc regitur, cujus in omnia
Regnat gloria sæcula. Amen.

℣. In conspectu Angelorum psallam tibi, Deus meus.

℟. Adorabo ad templum sanctum tuum, et confitebor nomini tuo.

HYMNE DE SAINTE THÉRÈSE
15 Octobre

I

Regis superni nuntia,
Domum paternam deseris,
Terris, Teresa, barbaris
Christum datura, aut sanguinem.

2

Sed te manet suavior
Mors, pœna poscit dulcior :
Divini amoris cuspide,
In vulnus icta concides.

3

O charitatis victima !
Tu nostra corda concrema :
Tibique Gentes creditas
Averni ab igne libera.

4

Sit laus Patri cum Filio
Et Spiritu Paraclito,
Tibique sancta Trinitas,
Nunc, et per omne saeculum. Amen.

℣. Specie tua et pulchritudine tua.
℞. Intende, prospere procede et regna.

HYMNE DE LA FÊTE DE LA PURETÉ DE LA SAINTE VIERGE

Troisième Dimanche d'Octobre

1

Præclara custos Virginum,
Intacta Mater Numinis,
Cœlestis aulæ janua,
Spes nostra, cœli gaudium.

2

Inter rubeta lilium,
Columba formosissima,
Virga e radice germinans
Nostro medelam vulneri.

3

Turris draconi impervia,
Amica stella naufragis,
Tuere nos a fraudibus,
Tuaque luce dirige.

4

Erroris umbras discute,
Syrtes dolosas amove,
Fluctus tot inter deviis
Tutam reclude semitam.

5

Jesu, tibi sit gloria,
Qui natus es de Virgine,
Cum Patre et almo Spiritu,
In sempiterna saecula. Amen.

℣. Cum jucunditate virginitatem beatæ Mariæ semper virginis celebremus. ℟. Ut ipsa pro nobis intercedat ad Dominum Jesum Christum.

HYMNE DE SAINT JEAN DE CANTIO

20 Octobre

Gentis Polonæ gloria,
Clerique splendor nobilis,
Decus Lycæi, et patriæ
Pater, Joannes inclyte.

2

Legem superni Numinis
Doces magister, et facis.
Nil scire prodest : sedulo
Legem nitamur exequi.

3

Apostolorum limina
Pedes viator visitas :
Ad patriam ad quam tendimus
Gressus viamque dirigo.

4

Urbem petis Jerusalem
Signata sacro sanguine
Christi colis vestigia,
Rigasque fusis fletibus.

5

Acerba Christi vulnera,
Hærete nostris cordibus,
Ut cogitemus consequi
Redemptionis pretium.

6

Te prona mundi machina,
Clemens, adoret, Trinitas,
Et nos novi per gratiam
Novum canamus canticum. Amen.

℣. Amavit eum Dominus, et ornavit eum.
℟. Stolam gloriæ induit eum.

HYMNE DE SAINT RAPHAEL, ARCHANGE
24 Octobre

I

Tibi, Christe, splendor Patris,
Vita, virtus cordium,
In conspectu angelorum
Votis, voce psallimus :
Alternantes concrepando
Melos damus vocibus.

2

Collaudamus venerantes
Omnes cœli principes,
Sed præcipue fidelem
Medicum, et comitem
Raphaelem, in virtute
Alligantem dæmonem.

3

Quo custode, procul pelle
Rex, Christe piissime,

Omne nefas inimici ;
Mundo corde et corpore,
Paradiso redde tuo
Nos sola clementia.

4

Gloriam Patri melodis
Personemus vocibus ;
Gloriam Christo canamus,
Gloriam Paraclito :
Qui trinus et unus Deus
Exstat ante sæcula. Amen.

℣. Stetit Angelus juxta aram templi.
℟. Habens thuribulum aureum in manu sua.

POUR LA FÊTE DE LA PRÉSENTATION
21 Novembre

Refrain

Ergo, nunc, tua gens se tibi consecrat ;
Ergo, nostra manes portio, tu, Deus,
Qui de Virgine natus,
Per nos sæpe renasceris.

I

Quam pulchre graditur Filia Principis,
Templi cum properat limina tangere !
Præludit meliori
Quam mox offeret hostiam.

2

E matris gremio, Numinis in sinum
Infans dum dubiis passibus advolat ;
Virgo, Numinis Ara ,
Aris Victima sistitur.

3

Sponso casta Deo pectora devovet.
Cordis Virginei dedicat intima
    Verbo debita Mater,
    Verbo viscera consecrat.

4

Tecum cuncta Deo prodiga dum voves,
Numen, Virgo, tui pectoris incola,
    Quanto fœnore pensat
    Terræ quæ bona despicis!

5

Quid nos illaqueant improba gaudia?
Cur nos jam pigeat vincula rumpere?
    Dux est Virgo Sacerdos,
    Fas sit quo properat sequi.

6

Sit laus summo Patri, summoque Filio,
Sit par, Sancte, tibi, gloria, Spiritus
    Si nos intus aduris,
    Puro corde lætabimur.

PONE LUCTUM

1

Pone luctum, sume vestem
Candidam, Ecclesia!
Tolle palmas, et cœlestem
Triumphantem celebra!
Morte, mortem debellavit,
Peccatores vindicavit.
Jesu, tibi gloria! (*bis*).

2

Ut nos morte liberaret
Se sepulcro subdidit,
Et ut nostram renovaret
Vitam, vivus prodiit :
Mors, tu jaces triumphata ;
Vita nobis est renata,
Jesu, tibi gloria ! (*bis*).

3

Nos in cœlum perducturus
Se ad Patrem elevat,
Morte lucrum est facturus
Vitam qui sanctificat,
Observemus Christi cursum :
Fidos justos trahit sursum.
Jesu, tibi gloria ! (*bis*).

4

Alleluia ! sit paschalis
Nobis benedictio,
Infundatur triumphalis
Cordibus dilectio
Ut in Christo renovemur
Et cum sanctis collætemur.
Jesu, tibi gloria (*bis*).

VICTORIA, VICTORIA

1

Victoria, victoria !
Surrexit nostra gloria,
Jesus divicit tartara
Alleluia, alleluia,
Læta pulsentur organa :
Jesu jacet mors subdita

Alleluia cantate
Et Deo jubilate
  In citharis,
  In cymbalis
  Bene sonantibus.

2

Trophœa Christus explicat
Patrum senatum liberat
Mortemque morte funerat
Triumphe! cœlum insonat.
Mundus exsultans jubilat
Horrens infernus ululat
Triumphat victor Jesus,
A ligno regnat Deus :
  O læta sors
  Devicta mors,
  O festa gaudia.

KANTIKA ESKUARAK

JAINKOAREN HAMAR MANAMENDUAK

1

Jainko Jauna behar duzu bakharrik adoratu,
Gauza guzien gainetik hura bera maithatu :
Hura da gure jabea, gure kreatzailea,
Salbatzeko behar diren grazien emailea.

2

Jaunaren izen saindua bedi ohoratua,
Errespetu handirekin ikharan aiphatua ;
Borthizki tu gaztigatzen, saindutasuna denak,
Arinki juramentuak egiten dituztenak.

3

Igandeak behar dire arthoski begiratu ;
Beretzat ditu Jainkoak bethitik aldaratu ;
Egun hek iragan baitez haren lorifikatzen,
Sainduki gure bihotzak haren ganat altchatzen.

4

Jainkoaren nahia da burhasoak detzagun
Ekhar errespeturekin, behar ordutan lagun.
Oi ! zer bihotz gogortasun hek ez ohoratzea,
Hambat zor diotegunak ez zinez maithatzea !

5

Ez duzun nihoiz herrarik lagunaren alderat ;
Bethi zaren ekharria etsaien onhesterat.
Gaizki guziak, zin zinez, behar tutzu barkhatu ;
Elkhar, haurride bezala, behar dugu maithatu.

6

Atsegin lohi guziak urrun zatzu zu ganik;
Maitha zazu modestia bihotzez orai danik.
Oi! zembat arima gaicho diren bethikotz galtzen,
Berthute maithagarri hau zeren duten kolpatzen.

7

Lagunaren onthasunaz ez zare jabetuko;
Nori berea diozu zuzenki bihurtuko;
Bertzela, etsi ezazu arima salbatzeaz,
Mundu huntarik lekhora, zeruaz gozatzeaz.

8

Behar zare lehiatu egiaz mintzatzera,
Lekhukotasun faltsotan nihoiz ez erortzera;
Egia bera den Jaunak horrela du aditzen;
Egun batez jakinen du gezurraren punitzen.

9

Amodio kontrakorik ez duzun bihotzean;
Ez duzu behar maithatu baizik Jainko legean.
Ohora eta begira zazu garbitasuna,
Berthute bake gozo bat emanen darotzuna.

10

Ez zaizko behar bekhaiztu bertzen ontasunari;
Ez ekhar imbidiarik lagunaren onari,
Guti baduzu, gutiaz zare kontentaturen,
Eta diotzu Jaunari eskerrak bihurturen.

ELIZAREN MANAMENDUAK

1

Igandetan hurbil zaite mezaren entzutera,
Sakramendu handi hartan Jesus adoratzera :
Saindueu bestak orobat tutzu begiratuko;
Heien etsemplu ederrez zare progotchatuko.

2

Urthean bederen behin zare kofesatuko,
Zure bekhatu guziak dituzu aithortuko.
Oi! ez geldi behin hartan; ithurri sakratura
Zohazi gehiagotan, bihotza garbitzera.

3

Amodio khartsu batez zarelarik bethea,
Errezebituren duzu zure Jesus maitea;
Bederen urthean behin, Bazkoko eguñetan,
Duzu komuniatuko zure zorionetan.

4

Eginen tutzu barurak, gartha-bichilietan,
Orobat garizumako egun seinalatuetan.
Behar tutzu mundu huntan bekhatuak borratu;
Penitentziaren bidez behar zare salbatu.

5

Ez da janen haragirik edo zein egunetan,
Hala nola, ortzirale eta larumbatetan.
Premia gabe manu hau hausteko ausartzia
Da, Jaunaren begietan, gaizki punigarria.

OI! GAU DOHATSUA

1

Oi! gau dohatsua,
Jainkoaz hautatua,
Zaukuna hurbiltzen; (*bis*)
Mesias maitea, ⎱
Graziaz bethea, ⎰ *bis.*
Da munduratzen. ⎰

2

Hots, Aingeruekin,
Arkanjeluekin,
Gaur kantatzera, (*bis*)
Gure Erregearen, ⎱
Jainko eternalaren ⎰ *bis.*
Adoratzera. ⎰

3

3

Ez izotza gatik,
Ez ilhuna gatik;
Ez egon herabez; (*bis*)
Har fedea gida
Jesus baithan fida; } *bis*
  Goazen lasterrez.

4

Hemen dut sinhesten,
Begiez ikhusten
Banu bezala, (*bis*)
Mariak umea,
.Ume hain maitea, } *bis.*
  Jainko duela.

5

Harentzat lekhurik,
Hain guti oherik,
Ez zen aurkhitu; (*bis*)
Tresoren jabea,
Guzien printzea, } *bis.*
  Zen arbuiatu.

6

Erregek etcheak
Dituzte betheak,
Gauza ederrez; (*bis*)
Jesus, zu, lurrean
Eta lasto-pean } *bis.*
  Zaude nigarrez.

ATZAR GAITEN

Errepika

Atzar gaiten, atzar lotarik;
Gau huntan da Jesus sortzen;
Amodioak garhaiturik;
Gure gatik da ethortzen.

1

Gu zerurat nahiz altchatu
Jesus jausten da lurrerat;
Heldu da, gu nahiz salbatu,
Gorphutz hilkor bat hartzerat.

2

Ala haren laudorioak
Behar baitugu khantatu!
Ala gure bozkarioak
Behar baitu seinalatu!

3

Bekhatua, munstro tristea,
Hoa hire leze beltzerat;
Ethorri duk Jesus maitea
Hire obren urratzerat.

4

Zerk gaitu bada gibelatzen ?
Hel gaiten, hel Jesus gana;
Bekhatoren gatik da sortzen
Saindutasun bera dena.

5

Ikhusgarri mirestekoa !
Oi ! hau da humiltasuna !
Zeru beraz goragokoa
Mañateran da emana.

6

Erregen Errege delarik,
Ez du nahi distiatu;
Ez du nahi palaziorik;
Heia tchar bat du hautatu.

7

Hotzaz ere da penatua
Sasoinen Manatzailea ;
Guziez datza gabetua
Guzien Kreatzailea.

ZERU, LURRAK, HAS ZAITEZTE

I

Zeru, lurrak, has zaitezte
Bozkarioz khantatzen,
Zeren orai gaua duen
Iguzkiak argitzen.

Duela lau mila urthe
Izar igurikiak
Ditu lurretik urruntzen
Itzal, hedoi guziak.

2

Lurra zeru egiteaz
Ez gaitezen espanta ;
Gizon egin da Jainkoa,
Zeruaren presenta !
Gizon egin denaz geroz,
Zeren eskas dukegu ?
Jautsi behar zen Berboa
Orai gurekin dugu.

3

Arren beraz khecha gaiten,
Goazen Bethleemerat.
Artzainekin bat eginik,
Haurra adoratzerat :
Han dela gure bakea
Diote Aingeruek ;
Jaun-goikoari loria
Zor diogu guziek.

4

Ez, ez dugula beldurrik
Haren majestateaz ;
Egigun lehen bai lehen
Haren hatzemaiteaz :
Grazien ithurburua
Du berekin ekhartzen ;
Beldurra khasarazirik,
Bihotza du galdetzen.

5

Orai beraz altcha gaiten
Ohe guri hautarik;
Haur jaio berria gana
Goazen elkhar harturik.
Gu zerura gidatzeko
Zerutik ethorria,
Oi! huna non dakuzagun
Trochetan ezarria.

OI! EGUBERRI GAUA

1

Oi! Eguberri gaua,
Bozkariozko gaua,
Alegeratzen duzu,
Bihotzean kristaua.

2

Mundu guzia duzu,
Zorionez bethetzen,
Zeren zuk baidiozu
Mesias dela sortzen.

3

Gau ilhunean ez da
Ageri iguzkirik
Hunetan dakusagu
Mirakuluz ilkhirik.

4

O! gau desiratua,
Guzia duzu phiztu
Zoinak mundu guzia
Behar baitu argitu.

5

Argizariak dire
Bozkarioz dantzatzen,
Ohi baino dutela
Gehiago argitzen.

6

Aingeru onak berriz
Hasi dire khantatzen,
Bozterat dituztela,
Tristeak gombidatzen.

7

Errepikatzen dute,
Maniuretez artzainek;
Adarrari diote
Ihardesten larrainek.

8

Arrainak ari dire
Jauzika ur barnean,
Abreak mendietan
Hegastinak airean.

9

Gauza guziak dire
Orai alegeratzen,
Orobat egiterat
Gaituzte erakhartzen.

10

Ifernuko ostea,
Gau huntan da tristatzen,
Haren zentzatzailea
Zeren den orai sortzen.

11

Idolak aldaretan
Betan dire muthutu;

Astiek arrazoina
Laster dute galdetu.

12

Bertzerik ez dirote
Deusere ihardetsi,
Haur batek dituela
Baizik ichil-arazi.

13

Ichildu behar zuten,
Guk ordainez khantatu,
Zorionean dela
Jainko Semea sorthu.

DUGUN ALEGRANTZIETAN

1

Dugun alegrantzietan
Khanta Jesusen sortzea;
Gure ahal guzietan
Ohora Jainko semea.

Errepika.

O! Jesus, zure graziak
Khanbia gaitzan guziak.

2

Errepikaz Aingeruak
Entzuten dire khantatzen,
Gu ere, loriatuak,
Has gaiten Jauna laudatzen.

3

Jesus, erregez, artzainez
Izan da adoratua;

Ah ! gutarik gehienez
Nola da ezagutua ? ·

4

Jesus, negu gogorrean
Ohetzat duzu lastoa ;
Nola beraz plazer pean
Dukegu gure gogoa ?

5

Sortzetik aphaltasuna
Darokuzu predikatzen
Zer gatik goratasuna
Dugu bada guk bilhatzen ?

OI ! BETHLEEM !

1

Oi ! Bethleem !
Ala egun zure loriak,
Oi ! Bethleem !
Ongi baitu distiatzen !
Zu ganik heldu den argiak
Bethetzen tu bazter guziak.
Oi ! Bethleem !

2

Zer ohore !
Ala baitzare goratua !
Zer ohore !
Zer grazia ! zer fagore !
Zeruaz zare hautatua,
Jesusen zare sorlekhua.
Zer ohore !

3

Azkeneko,
Hor heldu da Jesus justua,
Azkeneko,
Gu dohatsu egiteko;
Hetsi nahi du ifernua,
Guretzat zabaldu zerua
Azkeneko.

4

Gure gatik,
Jainko bat botherez bethea,
Gure gatik,
Jausten da zeru goratik;
Bai, sortzen da Jesus maitea,
Biktima notharik gabea,
Gure gatik..

5

Mañateran
Datza haurrik aberatsena.
Mañateran!
Nork zuken sekulan erran,
Zeru, lurren jabea dena
Ikhusiren zela etzana,
Mañateran!

6

Artzainekin
Heldu naiz zu gana, lehiaz,
Artzainekin,
Hek bezala nahiz egin.
Adoratzen zaitut, Mesias,
Eta maite bihotz guziaz,
Artzainekin.

7

Ez dut deusik,
O Jesus! zuri eskaintzeko,
Ez dut deusik,
Bihotz hobendun bat baizik :
Eskerren zuri bihurtzeko
Hambat emaitzen pagatzeko
Ez dut deusik.

HEL GAITEN

Errepika

Hel gaiten, guziak,)
Hel Bethlemera, (*bis.*
Jesus maitearen (
Adoratzera.)

1

Aingeruek dute
Han dela erran,
Kristauak, zatozte,
Han da mañateran.

2

Nola den etzana
Heya batean;
Zeru lurren Jauna
Lastoaren gainean !

3

Goazen artzainekin
Haurraren gana,
Ikhustera hekin
Trochetan emana.

4

Nahi ditu egun
Gure presentak;
Ofrei diotzogun
Lehenik bihotzak.

5

Bihotz khartsuenak
Ditu prezatzen,
Bainan garbienak
Ditu preferatzen.

GURE CHARAMELEKIN

Errepika

Gure charamelekin)
Goazen Bethlemera, (*bis.*
Jesusi artzainekin (
Agur egitera.)

1
Haurrak eta gazteak,
Juan beitez lasterka;
Baita ere zaharrak,
Oro zoin lehenka.

2
Oi zer gerthakaria,
Etchola batean,
Jaun adoragarria
Lastoaren gainean !

3
Gauza mirestekoa !
Nork zuen erranen,
Zela gure Jainkoa
Hain pobre sorthuren !

4
Mundutar aberatsak
Ditu kondenatzen ;
Nola heien plazerak
Sortzetik higuintzen.

5
Zoin den maithagarria
Jainko haur egina !
Zoin den charmagarria
Trochetan emana !

6
Ohore, laudorio,
Jaun eternalari !
Ah ! guziz amodio
Jesus dibinoari !

UTZIRIK GURE ETCHOLAK — (Noela)

Errepika
Utzirik gure etcholak,
Baita gure arthaldeak,
Jesusen adoratzerat,
Goazen, goazen Bethle-
[merat.

1
Han da hatzemanen,
Han da ikhusiren,
Haur ttipi bat egina,
Mañateran da etzana !

2
Zer humiltasuna,
Zer aphaltasuna,
Daukuna predikatzen !
Nola ez dugu aditzen ?

3
Zoin miresgarria,
Zoin charmagarria,
Dena Jesus agertzen !
Has gaiten haren maitha-
[tzen !

4
Belhaunikaturik,
Ahuspez emanik,
Dugun Jesus adora,
Goraki khantatuz hura.

5
Bai, Mariarekin
Eta Josepekin,
Jesus ikhusiz egun
Bihotzak susta ditzagun.

URTHEBERRI EGUNEKO

Errepika

Egun estrainatu gaitu
  Haurrak odolaz. } *bis.*

1

Jesus, haurtcho larru delikatua,
Gure gatik zare doloratua,
Zortzi garreneko odolstatua.

2

Urtheberri dugu, egun lehena;
Onez berri guzu bihotz barnea,
Barkhatzen duzula gure hobena.

3

Galtzen ari ginen, orai artean;
Emaiten gaitutzu portu onean,
Itho ez gaitezen itsaso-pean.

4

Huna hemen orai jaio berria,
Berritzen duena mundu guzia;
Gu salbatzeko du hartu bizia.

5

Jesus, zuk iguzu zure argia;
Bethiere gaiten hortaz balia,
Ikhus dezaguntzat zure loria.

6

Estraina gaitzatzu, Jesus maitea;
Bake saindu baten dugu galdea;
Egizu dohatsu gure zorthea.

HAUCHE DA IZARRA

Kristo, guziek dezagun egun adora..... *berriz.*

I

Hauche da izarra agertzen dena !
Berri bat dakharke den handiena,
Jesus maitearen sortzearena.
    Kristo, etc.

2

Hirur erregeak ditu gidatzen,
Jesus haurra gana dire hedatzen ;
Presentekin dute han adoratzen.
    Kristo, etc.

3

Myrha, isentsua eta urhea
Ekhartzen dautzute, Salbatzailea,
Zuri eskaintzeko present bedera.
    Kristo, etc.

4

Gaspar Erregeak, Jainko handia,
Adiarazten du myrhaz egia :
Gizona zarela larruz beztia.
    Kristo, etc.

5

Baltazarrek, emaitean urhea,
Bai, dio, zarela, Jesus maitea,
Errege guzien lehen printzea
    Kristo, etc.

6

Melkhiorrek ere du sinhestea
Bere isentsuaz eman fedea,
Egiaz zarela Jainko Semea.
    Kristo, etc.

7

Hitz batez, hirurek fede osoa
Badute zarela, Jaun zerukoa,
Gizon, Erregea eta Jainkoa.
  Kristo, etc.

8

Izar distios bat hei egorririk,
Atheratzen tutzu ilhumbetarik,
Zure gana deitzen tronuetarik. ,
  Kristo, etc.

9

Ni ere argitzen nauzu fedeaz,
Egizu oraino heien chedeaz
Adora zaitzadan aldiz neureaz.
  Kristo, etc.

1 0

Egun egor guzu izar zurea,
Aurkhi dezaguntzat gure Jabea,
Zu ganat heltzeko chuchen bidea.
  Kristo, guziek dezagun egun adora.

HAUR INOZENTEN SARRASKIA

1

Erregeak zaudezela
Haurraren adoratzen,
Errepustaren begira
Herodes zen unhatzen,
Hainbertze non othe dau-
Erran zuen askotan; [de?
Adios erran zautaten
Berriz itzultzekotan.

2

Ez ahal naute burlatu,
Batek nola hirurek;
Bere hitzak idukitzen
Dituzte erregeek.
Haren ganako zirela
Zuenean etsitu,
Koleraturik zitzaien
Soldaduei mintzatu.

3

O ! gazte, lanjer handitan
Bethi ene lagunak !
Erakuts zaiteztc orai
Ere animodunak.
Errepustarik ez dute
Erregeek bihurtu :
Sorthu denarekin dute
Ene kontra aditu.

4

Nihor ez dut ezagutzen
Nausi neure gainean ;
Zuek ere, nitaz landan,
Nihor, ene ustean.
Borroka handienean
Datza ene gogoa,
Zeren nahi darotaten,
Orai khendu khoroa.

5

Zein den ere nik ez dakit
Sorthu den erregea,
Hala bethi naiz gelditzen
Khechagunez bethea.
Zohazte, hil ezatzue
Bethleemgo semeak,
Bi urthetaraino heltzen
Diren ume cheheak.

6

Hirikoak hiltzatzue,
Baita ingurutakoak :.
Galdu behar du bizia
Errege delakoak.

7

O ! gazteak, egizue,
Othoi dilijentzia ;
Lanjer hautarik athera
Zazue ene bizia.

Abiatu ziren, harma
Zorrotzak eskuetan,
Argitzen zutela, nola
Izarrek zeruetan.
Joan ziren sehasketara
Haur gaichoen hiltzera,
Bai eta zokhoetara
Gordeak aurkhitzera.

8

Alfer, haurrekin ihesi
Dohaz ama tristeak ;
Harrapatzen tu soldado
Pietate gabeak.
Bi mila ziren iragan
Harma zorrotzetarik,
Ama gaichoen auhenak
Guti urrikaldurik.

9

Lur guzia zen estali
Haur gaichoen gorphu-
Ibaiak ere gorritu   [tzez,
Hek ichuri odolez.
Odola zen amen esnez
Oraino nahasia ;
Ezen doidoia ahotik
Zuten utzi dithia.

10
Herodesek hala zuen
Hil bere egarria.
Nor egon gaitzitu gabe
Halako errabia?

Ez zuen bere nahia
Errege hark komplitu;
Handik zuen Jesus haurra
Josepek aldaratu.

SINHESTEN DUT

Errepika

Sinhesten dut, sakramendu saïnduan,
Jesus ona, zu zarela ostian,
Sinhesten dut, sinhesten dut.

1

Jesus Jauna, oi ene Nausia,
Amodioak zaitu hola ezeztatu.
Ni ere, ordainez, zurea naiz guzia,
Nahi zaitut bethi ere maithatu.

2

Jainko guziz puchant eta handia,
Ene bekhatuek naute ahalgetzen;
Errezebi zazu nik dudan urrikia,
Bihotzetik ditut oro hastiatzen.

3

Jauna zure hitz bakhar bat aski da,
Bekhatutik arras gu garbitzeko;
Errazu hitz hura, mediku dibinoa,
Aski izanen da gure sendatzeko.

OI! MIRAKULU GUZIZ ESPANTAGARRIA

1

Oi mirakulu guziz espantagarria,
Ogiaren iduriz Jesus estalia!

Hura dut adoratzen aldare gainean,
Hura bera dut jaten komunionean.

2

Ene begiek Jesus han ez dute ikhusten,
Gorphutzeko sentsuek ez dute sentitzen;
Bainan, duda gabe dut, han dela sinhesten,
Fedeak argiturik, han dut ezagutzen.

3

Jesusek egin zuen azken afaria
Janharitzat emanik bere haragia;
Haragi saindu hura jaten dut nik ere,
Hura janik uste dut bizi bethiere.

4

Gurutzefikaturik, enetzat hil dena,
Lorioski phizturik, zerurat igana;
Hura da sakramendu hortan ezarria,
Hura bera lurrean ene janharia.

5

Biziaren arbola guziz aiphatua,
Baratze dohatsuan Jaunak landatua,
Aurkhitzen da neuretzat komunionea;
Nik han dut edireiten ene bizitzea.

6

Izraelek jan zuen desertuan mana,
Gostu guziak bere baithan zitüena;
Jesusen gorphutza da neure janharia,
Desertu huntan ene kontsolagarria.

7

Jainkoaren mendirat igan zen Elias
Sainduki borthizturik jan zuen ogiaz;
Jaten dut aldareko ogi sakratua;
Hartaz nik ardietsi uste dut zerua.

8

Urerat du lehia orkhaitz nekhatuak,
Beroz eta ihiztariz betan penatuak;
Hala dut desiratzen, Jauna, zure ogia :
Othoi, sasia zazu ene gutizia.

9

Choriek badituzte bere ohantzeak,
Urzo tortoilek ere non eman umeak;
Zure aldaretan da ene ihes-lekhua;
Nik han dut ediraiten ene soseguà.

LAUDA ZAGUN MISTERIO HANDIA !

1

Lauda zagun misterio handia,
Jainko Jauna ostian estalia;
Zuek, Aingeruek, zeruko gorthea,
Adora zazue gure Erregea, gure Erregea.

2

Jainko gizon, gure Salbatzailea,
Mundu, zeru guzien egilea,
Jauts zaite zerutik gure laguntzerat,
Gure amultsuki benedikatzerat, benedikatzerat.

3

Amodio, gloria imortala,
Trinitate sainduak dituela :
Ohore hirurei batasun berean,
Orai eta bethi eternitatean.

OI! ZER OGI DUT IKHUSTEN

Errepika

Bihotz khartsua,
Amultsua,
Ene janhari zare bilhakatzen,
Ordainez, nola zaitut maithatzen?

1

Oi ! zer ogi dut ikhusten
Gure aldaretara
Zeru gorenetik jausten,
Arimen bazkatzera !

2

Jaunaren amodioa
Hemen da seinalatzen,
Oi ! hau da misterioa !
Gizona Jainkoztatzen !

3

Jainko baten sustantzia
Gurekin da baltsatzen ;
Hulako alientzia
Nork du aski prezatzen ?

4

Enekin bat egitea
Duzu bada bilhatzen !
Zer duzu, Jesus maitea,
Ene baithan aurkhitzen ?

5

Hau da neure zoriona !
Zembat onthasun bétan !
Salbatzaile guziz ona,
Zer ! nik ! zu ene baithan ?

6

Aitetan den hoberena
Aithortzen dut zarela,
Zu maite ez zaituena
Bizirik hila dela.

7

Jaun ona, zure egoitza
Zeronek zazu garbi ;
Bertzela zure emaitza
Oi ! nola errezebi !

8

Amodio sakratua,
Egizu gau, egunez,
Izan nadin sustatua
Zure khar bizienez.

O JESUS ONA

Errepika

O Jesus ona !
Zato gu gana,
Zu zaituena
Da urusena.

1

O Jesus ona ! desiratzen zaitugu,
Gure bihotzak zuri zabaltzen tugu !

2

O Jesus ona, zer gozoa senditzen,
Dugun gu ganat zu zarenean heltzen !

3

O Jesus ona, zoin diren dohatsuak,
Maite zaituzten bihotz garbi, khartsuak !

4

O Jesus ona, gure tabernakletan,
Zaude gau egun, gizonen fagoretan !

5

O Jesus ona, adoratzen zaitugu,
Bethi eskerrak emanen dauzkitzugu !

6

O Jesus ona, egun zaitugu betan,
Laudatu nahi, kantu errepiketan !

7

O Jesus ona, othoi salba gaitzatzu,
Gu guzientzat ifernua hets zazu !

8

O Jesus ona, mundua mesprezatuz,
Biziko gare, baita zu zerbitzatuz !

9

O Jesus ona, bethi penitentzia,
Egin dezagun, emaguzu grazia !

10

O Jesus ona, egun batez zurekin,
Gaitela izan, Maria Josepekin !

BIZIRIK NAIZ, BAINAN EZ

1

Bizirik naiz, bainan ez,
Jainkoan dut bizia,
Orai, hark hazirikan,
Hartan natza guzia.
Hura zeruan beharrez
Hiltzen naiz ezin hilez. *bis*

2

Amodio phuru bat
Sarthu zait bihotzean,
Ene Jainkoarekin
Bat egin naizenean;
Ahitua haren minez
Hiltzen naiz ezin hilez. *bis*

3

O arrasta maitea,
Hil nadintzat emana,
Bethiko zoriona
Berekin dakharkena!
Ukhitua haren kolpez
Hiltzen naiz ezin hilez. *bis*

4

Akhaba zazu, Jaun ona,
Agonia luze hau;
Ezen, zu gabe bizia
Bihotzak ezin dirau;
Azkenekotz, zure minez,
Hiltzen naiz ezin hilez. *bis*

HAURRAK, ALTCHA BIHOTZAK

Komunione aintzinean

I

Haurrak, altcha bihotzak zuen Jainkoari;
Humilia zaitezte Jesus maiteari.

2

Ahuspez suspiretan eta nigarretan,
Gauden hemen guziak Jesusen oinetan.

3

Huna nun ethorri den Jaunaren eguna,
Zuen ganat heldu Salbatzaile ona.

4

Oi egun dohatsua ethorri zaukuna!
Nork dezake kompreni gure zoriona!

5

Zeruko dohatsuak, zuen fagoretan,
Othoitz zatzue, haurrak, egun handi huntan.

6

Andredena Maria, zeruko erregina!
Guretzat othoitz zazu zure Seme Jauna.

7

Ofentsatu tutzue zuen burhasoak,
Humilia zaitezte egun, haur maiteak.

8

Ah ! othoi barkhamendu, Aita eta Ama ;
Baketurik goazi Jainkoaren gana.

9

Urrun zaitezte, haurrak, bekhatu gaichtotik,
Begiak apartatuz haren charmetarik.

10

Adios bekhatua, adios bethikotz,
Jesus gana goazi orai sekulakotz.

11

Huna, Jaun amultsua, chede garbietan
Haur hauk presentatuak zure mahainean.

12

Zato, Jesus maitea, zato, zato, zato,
Ez gure zoriona luza gehiago.

Komunione ondoan

1

Haurrak, zuen bihotzek zer othe diote ?
Guzien aintzinean esplika zaitezke.

2

Bozkario handitan orai gare sarthu,
Zeren Jaunak gaituen egun bisitatu.

3

Nola edo zer gisaz gare mintzatuko
Jesusi esker onen ongi bihurtzeko.

4

Jesus dugu gurekin, gu ere harekin,
Guziak kontsekratzen gaizko elgarrekin.

5

Altcha zaitezte, haurrak, bihotzak prepara,
Bathaioko botuen egun berritzerat.

6

Ez ginduen orduan ongi ezagutzen,
Zer agintza Jaunari gintuen egiten.

7

Arnegatu zinduten mundu gaichtoari,
Emaitekotzat zuen bihotzak Jaunari.

8

Helas! kitatu dugu gure Jainko maitea
Eta sobra maithatu gure galtzailea.

9

Arnegatu zinuten Debruaren obrbr
Jarraikitzeko bethi Jesusen manuer.

10

Haren pompa lizunak sobra segiturik,
Ah! ongi gaude orai urrikiz betherik.

11

Debruaren obreri ukho eginikan,
Sarthu izan zineten zeruko bidetan.

12

Behar ginduen izan ongiko jaidura
Eta segitu dugu Satanen bandera.

13

Urrun zaitezte urrun eskandaletarik;
Arnega munduari, bainan orai danik.

14

Uzten dugu bihotzez bethikotz mundua
Maithatzeko zeruko Jainko amultsua.

ALTCHA, GOAZIN BATHAIOKO

1

Altcha, goazin bathaioko
Ithurri sakraturat,
Botuen berritzerat.

Errepiku

Arnegatzen dut, bihotzez
Dut Satani behin
Bethikotz ukhatzen,
Zerua, lurra lekhuko har-
      [tzen (*bis*).

2

Sortzeak ekharri zautan
Arrastaren hausteko,
Jaunaren legea eman
Zitzaitan bethetzeko.

3

Ardiesteko bizia,
Bermez nautzun hitze-
Nuela lege guzia [man
Idukiko demboran.

4

Botu haukien ondoan
Apheza zen altchatu;
Ene ganik laster zohan
Satan zuen manatu.

5

Khurutzearen seinalez,
Zautaten irakhatsi,
Behar nuela khurutzez
Zerua ardietsi.

6

Gatzak zautan seinalatu
Berthuteko jaidura;
Nik ordean besarkatu
Jainkoaren bandera.

7

Templo sainduan sartze-
Ninduten gero utzi, [ra
Osaren zorigaitz bera
Nuen arren merezi.

8

Eliza bethean nintzen
Etsai egin Satanen;
Ordean ene agintzen
Bethi ari naiz hausten.

9

Ez behin, bai hiruetan
Zaitanean galdetu
Arnegatzen bada dudan,
Baietz dut egin oihu.

10

Trinitatea goraki
Nuen guziz aithortu;
Zembat moldez ageriki
Ez dut gero ukhatu!

11

Bathaiatu aintzinean,
Satan zen ene nausi;
Ura ikhusi zuenean,
Laster zen joan ihesi.

12 [zautan
Ur saindu hark khendu
Aita-Adamen hobena;
Krismak berehala eman
Giristino izena.

13
Soin churia nuen jauntzi,
Zeren nuen etsaia
Bere armazoinaz bilhuzi,
Eremanik garhaia.

14
Ezko phiztuak zarotan
Fedea seinalatu,
Zeinak gure obra onetan
Bizia behar baitu.

15
Trinitate saindua zen
Nitaz guziz hartua,
Ene arima hain baitzen
Eder, berregindua.

16
Aitak bere haur maitetzat
Bertzetarik hautatu;

Semeak premu laguntzat
Ninduen aldaratu.

17
Bere egoitza zuen hartu
Nitan Izpirituak;
Halaber ziren bekhaiztu
Ordutik ifernuak.

18
Alfer Satan, errabian,
Bere arte galkorrez,
Dabila ene inguruan,
Ni hatzeman beharrez.

19
Bekhaitz ene ongi izanaz,
Galdu nahi ninduke :
Bainan Jesusen izenaz,
Garhai izan naiteke.

20
Munduak, bere pompe-
Ez nau lilluratuko; [kin,
Haragiak, plazerekin,
Ez nau, ez beretuko.

O! JESUSEN BIHOTZ SAMUR

1

O! Jesusen bihotz samur,
Enetzat idekia,
Othoi, emazu neurean
Zu ganako lehia!

Errepika

Ikhusiz zure burua
Arrantzeez bethea,
Niholere ez dut nahi
Lore pean neurea.

2

Khurutzea dakharkezu
Zure bihotz garbian;
Nik ere dut ekharriren
Neurearen erdian.

3

Jasanen dut khurutzea
Gogotik, zuk bezala;
Sekulan salbamendurik
Ezin duket bertzela.

4

Egizu onhets dezadan
Zuk onhesten duzuna;
Dezadan higuin osoki
Higuingarri zaitzuna.

5

Irakhasten darotazu
Humil, ezti izaiten;
Ene jaidura gaichtoak
Artharekin zehatzen.

6

Izanen naiz kolpatua,
Jesus, zutaz bakharrik;
Ez beza ene bihotzak
Senti bertze kolperik.

7

Nahi zintuzket maithatu,
Bihotz maithatzekoa;
Ochala bethi bazindu
Ene amodioa!

BIHOTZ JESUS MAITEARENA

I

Bihotz Jesus maitearena,
Graziaren ithurria,
Hemen naiz, bihotz sa-
[murrena,
Zure-ganat ethorria.

Errepika

O! ezin aski laudatuzko,
Bihotz garbi, sakratua,
Noiz zaitut bada maitha-
[tuko!
Zer nauka sorhaiotua?

2

Bihotz enetzat sustatua,
Berant zaitut ezagutu;
Bihotz ezti, preziatua,
Helas! ez zaitut maithatu.

3

Alferretan nauzu bilhatu,
Bihotz bethi zabaldua,
Zure ganik naiz apartatu,
O! hau da zoramendua!

4

O bihotz nahikarazkoa,
Munduak nau enganatu;
Tresor guzien gainekoa,
Ez zaitut aski prezatu!

5

Ala baitzait erhokeria
Zuri ez jarraikitzea!

4

Bihotz bethi maithagar-
[ria,
Zu ez funtski maithatzea !

6

Bihotz, iheslekhu segur-
[ra,
Kreatura guzientzat :

Amodiozko gaindidura,
Zer egiten dut zuretzat?

7

Bihotz guziz ona zarena,
Hasten naiz zure maitha-
[tzen;
Zu gabe bizi daitekena,
Osoki zait urrikaltzen.

|ALEGRANTZIETAN SAR GAITEN EGUN

I

Alegrantzietan sar gaiten egun,
Adituz Jesusen gomitua;
Nahi du gogotik segi dezagun
Kristauen bandera sakratua.

Errepika

Dezagun khanta khurutzea,
Dezagun maitha hur'adoratzea. | *Bis.*

2

Khurutzeak du mundua libratu
Satanen gathibotasunetik;
Khurutzeak gaitu oro salbatu
Ifernuko su lamen erditik.

3

Khurutzearen etsaia, mundua
Da dembora orotan izatu;
Hortik Jesusez madarikatua
Izaitea hark du merezitu.

4

Khurutzea maithatzen ez duena'k
Ez du egiazko berthutea;

Bere gorphutza guriki daukanak
Nekez duke barneko bakea.

5

Zeruko saindu guziek bezala,
Dugun beraz maitha khurutzea;
Ez da salbamendurik baizik hala,
Hori da segur gure zorthea.

6

Eman dadila penitentziari
Bat bedera bere estatuan;
Gogotik ditzala Jainko Jaunari,
Bere penak ofrei lurrean.

7

Zeruko hautatuen seinalea,
Bethi danik, ongi orhoit gaiten,
Dela khurutzearen ekhartzea :
Jesusek hori du erakasten.

8

Khurutzeak santifikatu gaitu
Mundu huntara jin gineneko;
Bai, Kristauak harek markatzen ditu
Gai eta on direnak zeruko.

9

Kalbario mendi saindu huntara
Guziek dugu igan nahiko.
Bai indulientzien irabaztera
Guziak gare lehiatuko.

10

Kristau onak, antsia handirekin,
Begiratuz Jaunaren legea,
Khartsuki eta maiz dezagun egin
Orok Khurutzearen bidea.

VEXILLA REGIS

1
Errege handienaren
Banderak du distiratzen;
Jesus, Jainko gizonaren
Khurutzeak du argitzen.

2
Gizonen Kreatzailea,
Gizonek han eman zuten;
Justuen buruzagia [zen.
Hobendunentzat han hil

3
Lantza krudelaz sahetsa
Han zioten erdiratu;
Handik, gure garbitzeko,
Odola zen abiatu.

4
Egietan zen gerthatu
Orduan Dabiten hitz hau :
« Jainko handiak zuraz du
Mundu guzia salbatu. »

5
Zur eder, zur arraitz,
Zur guziz preziatua;

Gorphutz haren hunkitze-
Izan zare hautatua. [ko

6
Zure besoetan egon da
Gure Jesus itzatua ;
Orai da etsai gaichtoa
Zure bidez bentzutua.

7
Zutan dugu esperantza.
O khurutze sakratua !
Zeren den mundu guzia
Zutaz izan erosia.

8
Berthutean zuk emozu
Justuari abantzua ;
Khambia zazu onerat
Bekhatoros ohitua.

9
Eskerrak, Trinitatea,
Darozkitzugu bihurtzen.
Khurutzeaz erosiak,
Egizu gal ez gaitezen.

O JESUS ! GURUTZERA

Errepika

Ah ! orhoit zaite odola
Enetzat eman duzula !

1

O Jesus ! khurutzera
Ni gatik igan zarena,
Ene gaztigatzera   [na ;
Maiz behartzen zaituda-
Orai, zure aldera   [ona.
Bihurtzen naiz , Jainko

2

Zure amodioak   [tzen,
Ez banau, Jauna, salba-
Ene bihotz gaichtoak
Sutara nau kondenatzen.
Zure juiamenduak [zen.
Borthizki nau ikharat-

3

Behar nuen bizia
Eman Kreatzaileari ;
Eman diot guzia
Gaichtoki kreaturari.
Itsumendu handia !
Ifernua dut merezi.

4

Deithu nauzu eztiki
Zure grazia sainduaz ;
Egotu naiz lizoki,
Enganatua munduaz ;
Orai, dolu dut finki
Ene zoramenduaz.

5

Sobera tut maithatu
Munduko erhokeriak ;
Berant tut ezagutu
Haren traidorekeriak.
Nahi naiz konbertitu :
Indatzu zure graziak.

6

Hambat duzu pairatu
Ene gatik khurutzean !
Nola tuzket maithatu
Atseginak mundu pean.
Nahi naiz khanbiatu ;
Urriki dut bihotzean.

STABAT : JESUS ONA KHURUTZEAN

1

Jesus ona khurutzean
Itzaturik ikhustean,
Ama zagon nigarrez.

2

Oinhazerik gaitzenean,
Lantzaz joa bihotzean,
Ethendu zen auhenez.

3

Zembat ahal zen samina
Ama saindu haren mina,
Atsekabez bethea !

4

Han zagoen auhenetan,
Nigar eta hersturetan,
Ikhustean Semea.

5

Hambateko oinhazean
Ama haren ikhustean
Nork ez duke nigarrik !

6

Ama semei begiratuz,
Nor ez egon minez doluz
Nigarretan urthurik?

7

Ikhusi du azotatzen,
Gure gatik estiratzen,
Bere Seme eztia.

8

Ikhusi du hagorantzen,
Herioak akhabatzen,
Zeru lurrez utzia.

9

Amodio ithurria,
Emadazut min bizia
Pairatzeko zurekin.

10

Jainkoaren gogokotzat,
Amodioz Jesusentzat,
Egizu Erre nadin.

11

Sar dizazut bihotzean
Jesus onak khurutzean
Hartu duen zauria.

12

Zure Seme zaurthuaren,
Ene gatik hartu penen,
Emadazut erdia.

13

Hil artino haren minez,
Deithoratzen nigar zinez,
Nagon bethi zurekin.

14

Nahi nuke, oh! zurekin
Habearen itzalean
Nere egoitza egin.

15

Birjinarik ederrena,
Onhetsazu nere pena,
Zurearekin baltsan.

16

Jaun onaren khurutzea,
Harek jasan oinhazea,
Iduk bezat gogotan.

17

Egidazut khurutzeaz,
Semearen pairamenaz
Hazkartzeko grazia.

18

Hiltzen naizen oreneko
Emadazut, arimako,
Jainkoaren gloria.

19

Jujamendu gogorretik,
Ifernuko su garretik,
Othoi bejra nezazu.

20

Kristo, zure Ama onaz,
Eta zure pairamenaz,
Bitoria indazu !

JESU-KRISTO DUT

Aıʀ : Je suis chrétien

Errepika

Jesu-kristo dut nik nausitzat,
Harentzat ene bizia;
Giristino naiz bethikotzat,
Hori da ene gloria.

1

Giristino naiz, bathaioaz
Bekhatutik garbitua,
Jaunaren grazia gozoaz
Izan naiz aberastua.

2

Giristino naiz, erran beraz
Goraki mundu guzian,
Aita, Seme, Izpirituaz,
Naizela hartua izan.

3

Giristino naiz, zure haurra,
O Eliza ! naiz egina ;
Hautsiko dut etsaien herra,
Hartuz zure irakaspena.

4

Giristino naiz, desterruan
Bizi naiz hits eta triste ;
Bainan gero zure zeruan,
O Jesus, menderen mende.

AMA TRICHTEZIAZ BETHEA

1

Ama trichteziaz bethea,
Semea hiltzean,

Begien bichtan khurutzea,
    Zagoen nigarretan.

Errepika

Oi ! Birjina Maria,
    Ni ere, oi ama !
Nigarretan guzia,
    Hemen naiz emana !

2

Oi penaren lehergarria,
    Amak ikhustea,
Hiltzen odolez estalia
    Bere Seme maitea !

3

Nork ez du penatu nahiko,
    Ama ikhustean ?
Nork ez du ere hil nahiko
    Jesusekin batean ?

4

Ikhusi zuen azotatzen,
    Seme dibinoa,
Haren buruan sarrarazten
    Elhorrizko khoroa.

5

Semearen azken auhenak,
    Haren azken hatsa,
Ikhusten du Ama samurrak,
    Arraildua bihotza.

6

Ikhusten du lantza krudelak
    Bihotza zilhatzen ;
Hibayaka ur eta odola
    Sahetsetik atheratzen.

7

Zuzenez zaituzte deithuro :
Dolorezko Ama.
Zu zare, helas ! egiazko
Martiren Erregina.

8

Egizu ´nik ere zurekin,
Oi ! Ama eztia,
Dezadan zinez nigar egin.
Edo eman bizia.

9

Ah ! emazu ene ariman,
Semearen pena,
Eta phitz ene bihotzean
Amodiozko su kharra.

1 0

Jaunaren hasarreduratik
Nezazu begira ;
Ihes-lekhu zerbitzaturik
Othoi gida zerurat.

KHURUTZEAREN BIDEA

I

Khurutzearen bidea
Dugun egin, kristau maiteak ;
Salbamenduko bidea
Ideki dauku khurutzeak (*bis*).

Errepika

Khurutzea (*bis*) beraz bethi
Dezagun lauda goraki.

2

Bethire laudorioak
Ditu khurutzeak gu ganik,
Baikaitu Jainko-Semeak
Erosi, guretzat han hilik.
Khurutzea (*bis*).

3

Aldare haren gainean
Ofritu da gure biktima;
Bai, Jesusen odolean,
Han garbitu gure arima.
Khurutzea (*bis*).

4

Khurutzeari itzatua,
Jesus maiteak gure gatik
Garhaitu du ifernua,
Bizia emanik gogotik.
Khurutzea (*bis*).

5

Arbola baten fruituaz
Helas! guziak ginen galdu;
Hunek ekharri daukunaz
Oro, nor bagare salbatu.
Khurutzea (*bis*).

6

Zeruko zuzen guziak
Galduak ginituen, helas!
Harako bide guziak
Ideki zaizku khurutzeaz.
Khurutzea (*bis*).

7

Ilhumberik lodienak
Orotarik gintuen hartu;

Iguzkirik ederrenak
Oro khurutzetik argitu.
   Khurutzea (*bis*).

8

Khedarra bezala belztu
Ginituen gu bekhatuak ;
Bainan osoki churitu
Khurutzean ichuri odolak.
   Khurutzea (*bis*).

9

Zor ezin pagatuzkoa,
Jainkoari ginioena ;
Khurutzean pagatua
Izan da zutaz, Jesus ona.
   Khurutzea (*bis*).

10

Zor hura ezin pagatuz,
Behar nintzen erre ondikotz ;
Jesusek han satisfatuz
Egin nau dohatsu bethikotz
   Khurutzea (*bis*).

11

O khurutze sakratua !
Nere esperantza da zutan ;
Zutaz erresketatua
Zeren naizen mundu hunetan.
   Khurutzea (*bis*).

12

O ! Jesusen bihotz khartsu,
Guretzat guziz idekia ?
Khurutzean guziz dugu
Ikhusten oi ! zure gaindia.
   Khurutzea (*bis*).

13

Zer daiteke beraz, Jauna,
Ah! zuk odolstatu ondoan,
Khurutzea bada emana
Gure gogotarik kampoan!
Khurutzea (*bis*).

14

Khurutzea laudatzean,
Ez gare mintzo haren zuraz;
Jesus dugu bihotzean,
Guretzat han hil den ariaz.
Khurutzea (*bis*).

15

O bandera sakratua,
Zu zaituguno aitzinean,
Non baiditake gudua,
Bethi gaitezke bitorian.
Khurutzea (*bis*).

ANDREDENA MADALENA ETA MUNDU-TARREN ARTEKO SOLASA

1

Zeren bilha zabilza
Andre Madalena?
Zerk hola zaramatza
Desertuan barna?

2

Jauna galduz geroztik
Ez dut plazerikan;
Gauza guziak ditut
Higuin mundu huntan.

3

Zer trazetakoa da
Zuk diozun Jauna?
Indazu zembeit marka,
Ene Andre ona.

4

Hura da churi-gorri,
Aita-amen bakhoitcha;
Jainko-gizon egina
Eta ene bihotza.

5
Khurutzefikaturik,
Ez duzu aditu,
Juduek nola zuten
Sepulturan sarthu?

6
Neronek ikhusi dut
Amaren aldean;
Ene gatikan hila
Khurutze batean.

7
Zer esperantza duzu
Beraz haren ganik?
Infame baten gisa
Hil denaz geroztik?

8
Oi! ene Jaungoikoa!
Zeru lurren Jauna;
Mundua guarda zazu
Ez nazan engana.

9
Oi! Andre Madalena,
Ez zaitela trompa;
Oraino har ezazu
Leheneko pompa.

10
Hire pompa lizunak
Sobra segiturik,
Ongi niagok orai,
Urrikiz betherik.

11
Khurutzeko penetan
Khambiatzen nauzu,

Ene plazerrak hola
Mezpresatzen tutzu.

12
Khurutzean tut orai
Ene atseginak,
Jaunak hartuz geroztik
Han ni gatik penak.

13
Utzazu khurutzea,
Zato enekien;
Desertuan ez duzu
Jauna kausituren.

14
Nigar eginen diat
Hik erragin faltaz;
Menturaz kausituren
Jauna bide huntaz.

15
Zeruetara juan zen,
Etzare orhoitzen!
Aitaren eskuinetik
Ez da apartatzen.

16
Zein haizen gezurtia
Hor duk erakusten;
Orai huen infame
Bat zela erraiten.

17
Nigarrak behar dira
Badakit herrentzat,
Orden askiko da
Hiltzean ihintz bat.

18

Dembora sóbra diat
Hirekilan galtzen;
Banihoak borthura,
Ez duk mintza zeren.

19

Oi! Andre Madalena
Hitz bat adizazu;
Bakharrik ez bazohaz,
Ni galduko nauzu.

20

Adios sekulakotz
Mundu gezurtia;
Nitan agertuko duk
Hire tromperia.

21

Non zarete borthuko
Ihizi tristeak?
Zatozte ene gana
Dolorez betheak.

22

Presta datzue fite,
Oi! zuen nigarrak;
Garbi detzadan ongi
Egin tudan faltak.

23

Zu, ene churri-gorri,
Aita-amen bakhoitcha;
Zu ikhus arteraino,
Hemen dut egoitza.

ARROPA CHURI EDERRA

1

Arropa churi, ederra
Jaun onaren ohoretan,
Jende onak, jauntz deza-
[gun,
Bozkarioz Bazkoetan.

2

Athera garenaz geroz.
Etsaien eskuetarik,
Jainko gizonak tuela
Eskerrak guzietarik.

3   [tua,
Haren gorphutz sakra-
Hilik lantzaz zilhatua,
Aldarean da bizia,
Jaunari kontsekratua.

4

Hark gaitu, Bazko bez-
[peran,
Arimak urrikaldurik,
Amultsuki begiratu
Faraonen kolpetarik.

5

Kristo da gure Bazkoa,
Bildots notha gabekoa;
Gure gatik khurutzean
Sakrifikatu Jainkoa.

6

Ostia miragarria,
Satanen zentzatzailea;
Zu zare, Jesus maitea,
Gure kontsolatzailea.

7 [tik,

Kristo phizten den ordu-
Ifernua da zerratzen,
Eta gure fagoretan
Pharabisua zabaltzen.

8

Gauza guzien autorra,
Zeren den Bazko dembo-
Bizian eta hilean,   [ra,
Othoi, gaitzatzu fagora.

9

Bethiereko loria
Eman bekio Aitari,
Seme, hilik phiztuari,
Izpiritu sainduari.

ZATO, IZPIRITUA

1

Zato, Izpiritua,
Kreatzaile Saindua,
Bisita zatzu hotzak,
Othoi, gure bihotzak.

2

Bethe zatzu graziez,
Zerutik egorriez,
Gure adimenduak,
Zeronek formatuak.

3

Kontsolatzaile ona
Izendatzen zarena,
Dohain baliosena,
Jaun zerukoarena.

4

Ithurburu bizia,
Amodio garbia,
Karitate khartsua,
Gantzukari saindua.

5

Zuk, zazpi suerteak
Emaiten berthuteak :
Zu zare erhi sendoa,
Jaunaren eskukoa.

6

Noizbait, zure argiak
Ignoranten mihiak
Bethe zituen hitzez,
Guziz miragarriez.

7

Detzan argi gureak,
Arin gogo tristeak;
Bai, zure su borthitzak,
Susta gure bihotzak.

8

Gure gorphutzekoak,
Detzan indar flakoak
Borthitz zure graziak,
Bethi sendagarriak.

9

Egorrazu gurea,
Urrun etsai dorphea ;
Emaguzu bakea,
Dohain guziz maitea.

10

Gutarik bat bedera
Gida zazu onera ;
Zurekin ez dezagun,
Othoi, gaitzik ezagun.

ZATO, IZPIRITUA

1

Zato, Izpiritua,
Zato gu laguntzera ;
Othoi, zato, jauts zaite,
Gure bihotzetara.

2

Jauna, bethe gaitzatzu
Egun zure dohainez,
Eta gaitzatzu susta
Zure khar bizienez.

3

Kontsolatzaile gozo,
Deskantsu emailea,
Zu zaitugu penetan
Gure laguntzailea.

4

Zu zare, bethidanik,
Amodioa bera ;
Osoki ekharria
Gu guzien aldera.

5

O ! zembat flakezia
Datzan gure barnetan !
Bizi gare, ondikotz,
Bekhatuzko gathetan.

6

Egor diezaguzu
Zure arraioetarik,
Eta gare ilkhiko
Gure ilhumbetarik.

7

Zembat ere baikare
Itzuliak gaizkira,
Zure graziak gaitu
Erakhartzen ongira.

8

Urrun zazu guganik
Gure etsai gaichtoa,
Bethi gure arimen
Galtzerat ari dena.

9

Bai, Jauna, urrun zazu
Satan, etsai dorphea ;
Emaguzu bakea,
Onthasun hain maitea.

10

Aitarekin Semea,
Dela bethi laudatu ;
Izpiritu Saindua
Biekin ohoratu.

IZPIRITU AMULTSUA

Errepika

Izpiritu amultsua,
Grazien ithurburua,
Zato, hel zaizkigu,
Bero, susta, erre gaitzazu !

1

Gure ahal, nahi guziak,
Jauna, zu gabe zer dire?
Azkar zatzu gure arimak,
Argi izpirituak, ilhumbetan gare (*bis*).
Izpiritu, etc.

2

Ifernuko suge amarrutsuak,
Mundu gaichto enganatzaileak,
Herrestatzen gaituzte bere ganat,
Zato, zato, gure laguntzerat (*bis*).
Izpiritu, etc.

ZATO GURE GANA

1

Emazu grazia,
Arimen bizia;
Emazu grazia
Bihotzetara.

Errepika

Zato gure gana,
Zeruko Jaun ona,
Gure argitzera,
Gu sustatzera.

2

Zuk, zazpi dohainez,
Gu baithan emanez;
Zuk, zazpi dohainez
Gantzu gaitzazu.

3

Gutan Zuhurtzia
Eta Adimendua,
Gutan Zuhurtzia
Zuhork emazu.

4

Kontseilua guri,
Indarra flakueri,
Konseilua guri,
Jauna, iguzu.

5

Bai Jakitatea,
Bai Pietatea,
Bai Jakitatea
Gutan ezartzu.

6

Emazu gu baithan,
Gure arimetan,
Emazu gu baithan
Beldurtasuna.

7

Bihotz garbietan
Eta khartsuetan,
Bihotz garbietan
Da zoriona.

GUAZEN, MARIAREN HAURRAK

I

Guazen, Mariaren haurrak,
Gure Amaren oinetara;
Lehia gaiten guziak
Bihotzez hari erraitera :
Agur, Maria !

2

Gure guzien ama da,
Beraz, egungo besta huntan,
Dezagun goraki lauda,
Khantatuz mila miletan :
Agur, Maria !

3

Aingeruer junta gaiten,
Gure bihotzak sustaturik;
Hek dutena errepikatzen
Errepikatzen dugularik :
Agur, Maria !

4

Zoin puchanta den Maria,
Zeruetako Erregina !

Haren médioz grazia
Jausten da bethi gure gana.
 Agur, Maria !
 5

Hura da gure laguntza
Munduko behar guzietan ;
Hura gure esperantza
Hirrisku handienetan.
 Agur, Maria !
 6

Maria, bai hitz dautzugu,
Zuri fidel gare egonen ;
Zu zerbitzatuz ditugu
Gure urtheak iraganen.
 Agur, Maria !
 7

Gure bizia dautzugu,
Orai, gogotik kontsekratzen ;
Bethi, othoi, hel zazkigu
Ah ! lagun gaitzatzu salbatzen !
 Agur, Maria !

AGUR, AGUR MARIA

Errepika

Agur, agur, agur Maria.
Agur, agur, agur Maria.

 I

Amodio, ohore,
Ama Birjinari ;
Maria notha gabe
Kontzebituari.

 2

Gure lehen ait'amen
Bekhatuak ez du
Sekulan Mariaren
Arima goibeldu.

 3

Bekhatu gabekorik,
Adamen arrazan,
Ez, zu bezalakorik,
Ez da nihoiz izan.

4

Maria, zu hain garbi,
Hain saindu sorthua;
Zuk duzu sugeari
Lehertu burua.

5

Jaunak zu, bethidanik,
Zintuen beiratzen;
Zure Seme, zu ganik
Sortzekoa baitzen.

6

Jainkoaren eskutik
Ez da atheratu
Obrarik hain perfetik
Nola baitzare zu.

7

O! Birjina Maria,
Zer kompara zuri?
Elhur egin berria
Ez zait aski churi.

8

Zure baithan, Maria,
Berthutea dago
Mendiko ithurria
Baino garbiago.

9

Zutan gauza handiak
Jaunak egin ditu,
Eta haren graziak
Zaizkitzu gainditu.

10

Jaunaren baratzeko
Lore hautatua,

Gizon da eta Jainko,
Bai zure fruitua.

11

Emazte pare gabe,
Jainkoak egina,
Amatuz geroz zare
Gelditu Birjina.

12

Oi zu, Birjina Saindu,
Jainkoaren Ama,
Amatzat guri zaitu
Semeak emana.

13

Zure Semea hiltzen
Ari zelarikan,
Gutaz amatu zinen
Dolore handitan.

14

Oi! zein puchanta zaren
Birjina Maria!
Zeruko loriaren
Erdian jarria.

15

Zure haurren othoitza,
Othoi entzun zazu;
Ama, zure laguntza
Zerutik iguzu.

16

Hemen zinen agertu,
Maria, haur bati;
Gero zer den gerthatu
Munduak badaki.

17
Harroka hau zen lehen
Urik gabekoa;
Eta geroztik hemen
Ura nasai doha.

18
Arimak bai gorphutzak
Zahar ala gazte
Hemen sendatu gaitzak,
Nork khonda detzazke?

19
Gure Ama maitea,
Zuk, othoi zerutik,

Eskualdunen fedea
Idukazu chutik.

20
Eliz' eta Frantzia,
Dagotzu nigarrez;
Zure ganik, Maria,
Laguntza beharrez.

21
Lagun zazu Eliza
Zure bothereaz;
Bothere berak beza
Frantzia altcharaz.

KHANTA ZAGUN GUZIEK

1
Khanta zagun guziek
Ahalik gorena;
Lauda zagun Maria,
Andre handiena.

2
Jakin zuen zerutik
Zer zen gerthaturen,
Birjina gelditurik,
Zela amaturen.

3
Gure salbamenduaz,
Errazu, Maria,
Nork ekharri zarotzun
Zerutik berria?

4
Gabriel aingeruak,
Etchean sarthurik;

Jainkoari zeruan
Gu urrikaldurik.

5
Zer Aita eternalak
Zuen gaztiatu?
Gabriel aingerua
Nola zen mintzatu?

6
Salutatzen zaitugu,
Birjina Maria,
Grazia da zurekin
Eta Jaun handia.

7
Zein lekhutan zinauden
Hitz hauk aditzean,
Gabriel aingeruak
Zu salutatzean?

8

Galilean nindagon,
Herri ederrean,
Ene gelan bakharrik,
Debozionean.

9

Gabriel Aingeruak,
Zu salutaturik,
Eman izan zarotzun
Deus bertze berririk?

10

Kontzebituko duzu
Zioen, sainduki;
Seme izanen duzu,
Jainko bat segurki.

11

Maria, othe zinen
Zure baithan laztu,

Hitz horiez zenean
Gabriel mintzatu?

12

Bai, ez banuen nahi
Sekulan ezkondu,
Ez eta Birjinaren
Ohorea galdu.

13

Aingeruak zer erran
Zarotzun, Maria,
Ikhusirik zinela
Trublatu guzia?

14

Izpiritu Saindua
Da seinalatuko;
Mirakulu hori du
Berak obratuko.

O MARIA, AMA MAITEA

Errepika

O Maria, Ama maitea
Beira zazu Eskualdunen fedea,
Suhar eta khartsu, azkar egon bedi; { bis.
Hersturen erdian, bethi,
Gauden gu Eskualdun bethi.

1

Salutatzen zaitut Maria,
O Ama guziz eztia!
Maite dut zurekilan Jesus
Gure Errege handia!

2

Zu Erregina Ama zira :
Errege duzu Semea,
Jainko Gizon Erregearen,
Agur, Ama maitea!

3 [diak
Zu zaitu, zu, Jainko han-
Guzietarik hautatu;
Zu, emazte guziak baino
Gehiago ohoratu.

4
Zure ganik sorthu izan da
Gizon Jainkoa munduan,
Jainko Aita ganik sortzen
[den
Seme Jainkoa zeruan.

5
Birjina, Jainkoaren Ama,
Aingeruen ohorea,
Gizonen ere zare Ama,
Satanen bentzutzailea.

6
Ez dut oraino behin ere,
Mundu huntan nik aditu,
Zure haurretarik duela
Jainkoak abandonatu.

7
Gu, bekhatore trichteen-
[tzat,
Othoitz egizu zeruan,
Baitira lanjer handietan
Bizi direnak munduan.

8
Hiltzerakoan bereziki,
Lagun gaitzatzu, Maria!
Zure bidez ardiesteko
Zeruetako loria!

ZURI GAUDE, AMA ONA

1
Zuri gaude, Ama ona,
Ametan zare eztiena,
Zato, zato laguntzera,
Etsaietarik beiratzera.

Errepika
Ave, ave, ave Maria.
Ave, ave, ave Maria.

2
Zuk galdatzen ditutzunak
Ditu on hartzen Seme
[Jaunak;
Zure haurrak hegal pean
Zatzu eman denak batean.

3
Zutan dugu esperantza,
Zurea da gure bihotza,
Zu zare gure izarra,
Zu baithan da gure indar-
[ra.

4
Ditzazu senda eriak,
Kontsola bihotz pena-
[tuak;
Bekhatorek duten senti
Zu maithatzea zoin den
[ezti.

5

Emazu dener bakea,
Azkar arimetan fedea,
Beir' Eliza hertsatua,
Ehortz etsai hain nausi-
[tua.

6

Hiltzeko oren beltzean,
Har gaitzatzu gu biho-
[tzean;
Bedi izan azken hitza
Eta azken gure othoitza.

MARIA GURE-AMA, ZU

Errepika

Maria, gure-ama, zu
Zaitugu othoizten;
Bethi lagun gaitzatzu
Zerurat hel gaiten.

1

Zu zare mariñelen
Izar gidaria,
Itsasoan direnen
Kontserbatzailea.

2

Piajantak lurrean
Ditutzu laguntzen;
Bai, hetarik bidean
Lanjerrak urruntzen.

3

Umechurtchek zaituzte
Heien ama deitzen;
Beren gozoa dute
Zu baithan ezartzen.

4

Zure begi eztiak,
Ama samurrena,
Ditu bihotz guziak
Deitzen bere gana.

5

Haurren inozentzia
Zuk duzu beiratzen;
Zuri gure bizia
Dugu kontsekratzen.

6

Gure gaztetasunaz
Artha izan zazu;
Trufa gaiten munduaz,
Gurekin zaude, zu.

7

Hiltzeko orenean
Guziz, Ama ona,
Oren hain lazgarrian
Ez gu abandona!...

JAINKOAREN AMA GUZIZ GARBIA

1

Jainkoaren ama guziz garbia,
Jesusek zuri eman nintuen;

Zure haurra naizen geroz, Maria,
Oro zuri naitzu kontsekratzen.

Errepika

Ama eztia, othoi har nezazu;
Naizen guzia emaiten nitzaitzu.

2

Har nezazu beraz, ama eztia,
Bethikotzat zure geritzean;
Ikhus zazu Satanen malezia :
Hel zakizkit lanjerren artean.

3

Lekhukotzat harturik Jaun handia,
Zinez dautzut egun hitzemaiten,
Mundu huntan zaitudala, Maria,
Ahal oroz segurki, maithaturen.

4

Behar banu, nere hitzak hautsirik,
Egun batez maithatu mundua,
Ukhan daazut, Seme maitea ganik,
Orai berean hiltzeko grazia.

MARIÑELEN IZARRA

Errepika
Mariñelen izarra,
Tempesta handienetan,
Bai, zu zare ilhumbetan
Heien argi ederra.

1

Itsasoa furian
Zuri daude heiagoraz;

Urrikal zaitela hetaz,
Ama ona, zeruan !

2

Gu ere hirriskuan [tan,
Gare mundu galdu hun-
Har gaitzatzu lanjerre-
Har zure gerizean. [tan

3

Maria, dugu zutan,
Zutan gure esperantza,
Zu zare gure laguntza,
Gure behar orduetan.

4

Gure azken orena,
Oren guziz lazgarria
Ezti zazu zuk, Maria,
O! Ama hoberena!

AGUR AINGERUEN

1

Agur, Aingeruen
Eta zeru lurren   *bis.*
Erregina puchanta!

Ederra zare guzia,
Histen duzu iguzkia,   *bis.*
Zoin zaren distiranta!

2

Graziaren Ama,
Ama guziz ona,   *bis.*
Urrikalmendutsua

Zure miserikordia
Zoin den espantagarria!   *bis.*
Oi! zer ihes lekhua!

3

Bethi on, amultsu,
Kausitzen zare zu   *bis.*
Bekhatorearentzat.

Ez da hain gozo eztia
Nola baitzare, Maria,   *bis.*
Ene gostuarentzat.

4

Penatuak diren
Haur dohakabeen   *bis.*
Kontsolazionea;

Zu zare, zu, o Maria,
Bekhatoreen bizia *bis.*
Loriako athea. .

5

Zutaz lagunduak
Eta maithatuak *bis.*
Ez ohi dire galtzen :
Zutan ene esperantza,,
Deskantsaturik bihotza', *bis.*
Bethikotz dut emaiten.

6

Nigarrezko haran
Dohakabe huntan, *bis.*
Urrikal zakizkigu.
Gure oihuak entzunik,
Miseria ikhusirik, *bis.*
Pietate har zazu.

· 7

Hirriskurik baizen
Ez dugu ikhusten *bis.*
Desterru triste huntan ;
Heda gutarat besoak ,
Eta ez gaitu etsaiak *bis.*
Bentzuturen sekulan.

8

Lur triste huntarik,
Noizbeit atherarik, *bis.*
Zu ganat hel gaitzatzu.
Zure Seme dibinoa,
Sainduen bozkarioa, *bis.*
Irakuts dezaguzu.

UHOLDE BATEN PARE

1

Uholde baten pare orai bekhatuak,
Gaindiz bazter guziak ditu hondatuak.
Nun dire fededunak? Nun dire justuak?
Azken eguna hurbil othe du munduak?

Errepika
Othoi, Ama maitea,
Urrikal zaizkigu;
Jainko, zure Semea,
Hasarre baitugu.

2

Nor da gure artean erran dezakenik?
« Ez naiz ni deusen beldur; nik ez dut hobenik? »
Zuk dirozu, Maria, hain garbi izanik;
Gure grazi' ardiets Jainkoaren ganik.

3

Gizonen arbuioek aserik Jainkoa,
Bere azotearen higitzera doha;
Nork orai atchik liro Jaunaren besoa?
Zu zare, zu, Maria, indar hartakoa.

4

Jaunaren justiziaz ikharetan gaude.....
Othoi, Ama. jar zaite zure haurren alde.
Haren gana nor hurbil, nor ager zu gabe?
Zu zaitugu, zu, haren bihotzaren jabe.

5

Jauna, aithortzen dugu; gutarik hainitzi,
Zuri zer zor dautzugun zitzaikun ahantzi.
Gure Fedea dugu aphaltzerat utzi......
Eskualdunaren ganik hori zautzu gaitzi !.....

6

Lehengo Fede hura berriz phitz dakigun,
O! fededunen Ama, zuk gaitzatzu lagun.
Bai! Eskualdunek, hemen, hitz eman dezagun,
Bethi zinez izanen garela fededun.

7

Elizaren argia, Erroman hain handi,
Gaichtaginen nahia laite hil baladi;
Zuri gare, Maria, denak oihuz ari :,
Emozu bitoria Aita Sainduari !

8

Zer hersturetan dagon gure Aita Saindua !
Kolpe berez Frantzia, nola minhartua !
Maria, entzun zazu hekien oihua.....
Ilek altchatzen badire, salbu da muudua.....

JOSEP FAGORA GAITZATZU

Errepika

Josep fagora gaitzatzu
Zeruan puchant zare zu.

1

Egungo besta huntan,
Zure laudatzeko,
Ditugu, Josep, betan
Bozak juniatuko.

2

Zu zinen Mariaren
Espos hautatua,
Baita ere Jesusen
Aita lekhukoa.

3

Zure garbitasuna
Gizonek balute,
Berthutetan maitena
Preza lezakete.

4

Zure humiltasuna
Zen miragarria,
Zure ichiltasuna
Hain laudagarria.

5

Jainkoak eman daitzu
Grazia handiak,
Baita izan ditutzu
Berthute guziak.

6

Zure urhatser bethi,
Gare jarraikiko;
Ongia zoin den ezti,
Dugu frogatuko.

7

Othoi, Saindu handia,
Lagun zakizkigu,

Zu ganik sokhorria
Ah ! ethor bekigu !

8

Guziz gaitzatzu lagun
Azken orenean ;
Etsaiak zaitzu urrun,
Gu ganik, orduan.

9

Ah ! othoizten zaitugu,
Elizarendako ;
Oihuz ere gaude, gu,
Frantziarendako.

JONDONI MIKAEL

1

Mikael Arkanjelua,
Egungo zure besta huntan
Iduri zauku zerua
Dagola alegrantzietan.

Errepika

Zuk, Aingeruen buruzagia,
Othoi beha zaguzu ;
Gure herri maitea, Frantzia,
Bethi fagora zazu.

2

Aspaldian gaichtaginek
Zangoen azpian gaukate ;
Sinhesterik zoroenek
Zorigaizki galtzen gaituzte.

3

Nork erran izpirituak,
Egia ez ikhusi nahiz,
Nola diren itsutuak,
Ilhumbez ilhumbe ibiliz?

4

Bertze orduz Satan duzu
Aurthiki ifernuetarat;
Gutartetik kasa zazu,
Itzul dadin, bere leizerat.

5

Eliza, Ama Saindua,
Etsaiez da atakatua;
Mikael botheretsua,
Zutaz dadila beiratua!

O JONDONI JOANI!

Errepika

O Jondoni Joani, zu gazten modela!
Orai eta bethi izan zaitezela
Gutaz laudatua, gutaz segitua,
Osoki imitatua!

I

Azpandarren Patroin saindua,
Patroin guretzat hain ona,
Ardiets zaguzu zerua
Egon-lekhu hoberena.

2

Jainko Jaunak zuen goizdanik
Bere graziez dohatu,
Bekhatu orisinaletik
Sor-aitzinean garbitu...

3

Haren sortzeak eman zuen
Mundua bozkariotan,
Jainkoaren eskua baitzen
Agertzen haur saindu hartan...

4

Haur-haurretik du desertuan
Phasatu bere bizia;
Barurean, penitentzian,
Beiratuz inozentzia.

5

Mundutarren gurikeriak
Hola ditu kondenatzen;
Ez deitzaten maitha aisiak
Heier hola erakhusten.

6

Hogoi eta hamar urthetan
Abiatu zen agertzen;
Othoitzean, ordu artean,
Egotu zen preparatzen.

7

Khartsuki du penitentzia
Gizoneri predikatu;
Senditu dute urrikia,
Eta ditu bathaiatu.

8

Bathaiatzen ari delarik
Egun batez da lotsatu,
Jesus, sobera aphaldurik,
Nahi baita bathaiatu.

9

O Jesus! norat heldu zare!
Zer! nik zu bathaiatuko!

Ez Jauna! handiegi zare
Hola humiliatzeko!...

10

Utz nezazu, Joanes humila,
 Behar nauzu bathaiatu ;
Justizia guzia hola
Behar baitugu komplitu.

11

Orduan zuen bathaiatu
Joanesek Salbatzailea,
Jesusek hola ohoratu
Hari Bide egilea.

12

Gizonetan ez da izatu
Profeta handiagorik ;
Egia hortaz utzi gaitu
Jesusek seguraturik.

13

Erraguzu, Saindu handia,
Heia zaren Jesu-Kristo —
« Haren zapata lokharria,
Ez naiz digne lachatzeko. »

14

« Haren zerbitzaria naiz ni,
Hura da Bildots justua,
Harek du khentzen jeneroski
Munduaren bekhatua. »

15

« Sinhets-zazue Jesus baithan :
Hori da ene manua.
Hola duzue mundu huntan
Eginen salbamendua.

16

« Sinheste onak deraitzue
Obrak egin araziko
Obretarik juja zazue
Zaretenetz salbatuko. »

17

Pobreari, aberatsari,
Erakutsi du legea,
Guzien argitzen zen ari
Ahantzi gabe gorthea.

18

Erregeri berari dio
Goraki erran egia;
Herodes tzarrak eman dio
Ordainez presondegia.

19

Presondegiaren barnean
Harrabots bat da aditu :
Joanesi zaio aitzinean
Soldado bat presentatu.

20

Norat hoa, dohakabea !
Ez nauk ez ikharatuko !
Bai, haugi ! zeruko athea
Hik derautak idekiko !

21

Jo zak ezpataz, to lephoa !
Bainan ez nuk ichilduren !
Idek daiteno en' ahoa,
Huna zer dudan erranen :

22

« Errege ahalge gabea,
Bizitzez khambia hadi !

Desohoratzen duk gorthea !
Etzauk haizu bizi hori. »

23

« Bekhatu duk lohikeria,
Eskandala duk emaiten !
Gosta dakidala bizia !
Hola mintzatuz nuk hilen ! »

24

O Jesus, o gure Biktima ,
Zuri dautzut gomendatzen
Bihotz guziz ene arima !
Jesus, zuretzat naiz hiltzen ! ! !

25

Zer da buru hori lurrean ?
Joanes Batista, hil zaitu !
Bai ! adinik hoberenean
Biziaz gabetu zaitu ! ! !

26

Amaren alaba galdua,
Izan dun, dantzaren sari,
Joanes Batistaren burua,
Eta hik eman amari !

27

Krimaren gaztigu handia
Etzen, ez, hambat luzatu.
Hilarazlek zuten bizia
Guziz trichteki finitu.

28

O dantza madarikatua !
Josteta lanjerosena !
Hire segidez duk mundua
Eskandalaz gaindi egina !

29

Adio, Joanes, gazte garbia !
Bethi zaitut segituko :
Nik ere bethi modestia
Osoki dut beiratuko !

DUGUN LAUDA

Errepika

Dugun lauda gure patroin saindua,
Besta handi eta eder huntan ;
Seinalatuz gure bozkarioa,
Goraki, khantu errepiketan.

1

Sainduetan ez da handiagorik
Nola Jondoni Joani Batista ;
Ba othe da hainitz puchantagorik
Zeruetan nola hura baita ?

2

Jaungoikoaz izan zen hautatua
Jesusi biden preparatzeko.
Sorthu gabe zen santifikatua
Digneki Jesus anontzatzeko.

3

Deserturat juan zen, haurra zelarik,
Saindukiago han bizitzeko ;
Urrundu zen plazer galduetarik,
Penitentzia pratikatzeko.

4

Bizioak zituen azotatzen,
Abertituz handiak, chumeak ;
Bai eta kuraiez errepronitzen
Bekhatore, printze, erregeak.

5

Behar zuen, gure patroin sainduak,
Egiarentzat bizia eman;
Herodes libertin eta krudelak
Ah! hil araziz presundegian.

6

Adituak beitez gure othoitzak,
Jondoni Joani Batista, zutaz;
Senti ditzagula zure laguntzak,
Goza gaiten zeruko loriaz.

GURE PATROINA EGUN

Errepika

Gure Patroina, egun
Baltsan dugun khanta;
Orok lauda dezagun
Joanes Batista.

I

Dohatsuen erdian
Hain du distiatzen,
Nola bizi zenean
Miresteko baitzen.

2

Badakigu Jainkoak
Bere semeari
Chuchentzeko bideak,
Zuela igorri.

3

Haur gaztea zelarik,
Juan zen desertura,
Jainko Jauna bakharrik
Han zerbitzatzera.

4

Haren penitentziak
Nork ditu erranen?
Ah! haren etsempluak
Bagintu segitzen!

5

Zer khar sainduarekin
Zuen predikatzen!
Hobendunak harekin
Ziren kombertitzen!

6

Goraki kondenatcen
Zuen bekhatua:
Ez zuen guphidesten
Bihotz gogortua.

6

7

Chume eta handier,
Gaichtagin baziren,
Bai eta erregeer,
Finki zen jazartzen.

8

Herodes kriminela
Furian sarthu zen :
« Ez zaite bizi hola »
Erran baitzioen.

9

Preso eman zezaten,
Zuen ordenatu ;
Haren manuz zioten
Burua phikatu.

10

Jondoni Joanik hola,
Jainkoarendako,
Eman zuen odola
Zerurat juaiteko.

11

Balia zakizkigu,
Zu, gure Patroina.
Zuri esker dukegu
Gure zoriona.

12

Lagunduren gaituzu
Sainduki bizitzen ;
Lagun ere gaitzatzu
Loriarat heltzen.

BAI, SAN FRANTSES, OTHOIZTEN ZAITUGU

Errepika

Bai, san Frantses, othoizten zaitugu,
Behar handitan gare ;
Oihuz zuri gaude, hel zaizkigu,
Orai eta bethiere.

1

Guziek egun, goraki,
Dugun lauda gure patroina,
Igorriz betan, khartsuki,
Gure galdeak haren gana.

2

Saindu handia, lurrean
Gure modela izan zare ;
Zu imitatuz, agian,
Gu ere salbatuko gare.

3

Guretzat humiltasuna
Galde zazu Jainko Jaunari;
Bai eta pobretasuna,
Gaiten gu izan zu iduri.

4

Zin zinez penitentzia
Bethi dugu besarkatuko;
Hola dukegu grazia
Etsai guzien bentzutzeko.

5

Gure azken orenetan
Jin zaizkigu sokhorritzera
Bai, orduko hersturetan,
Sainduki hiltzen laguntzera.

6

Beha zazu Elizari,
Gure dembora triste hautan,
Eta Aita Sainduari,
Zoina baitaukate gathetan.

7

Bai, munduan gaichtaginak,
Aspaldian nagusi dire;
Baita Satanen gizonak
Erromaren beraren ere.

SAN FRANTSES AMULTSUA

Errepika

San Frantses amultsua,
Gure-aita zare zu;
Othoi, zure laguntza
Zerutik iguzu !

I

San Frantses Aziztarra zein den saindu handi,
Munduko bazterretan aiphu da aspaldi,
Arren oraino ere, zazpi mendez gaindi,
Haren berthutea da arimetan sendi.

2

Munduko onthasunak utzirik debalde,
Zerukoez, Jaunari egin zion galde;
Jende behar herronkan jarri zen deus gabe,
Zakhua bizkarrean, borthetan eskale.

3

Mundua harritua, san Frantsesi beha...
Hortarik ikhusten du zer den berthutea.
Zein zoro den aberats bizi den jendea,
Hala ahanzten badu zeruko bidea.

4

Lehenik zembeit bakhar, gero zembat mila!
Mundu guzia haren ondotik dabila.
Hainitzak arimako bakearen bilha,
Imitatu beharrez san Frantses humila.

5

San Frantses zembat ere bera pobre baitzen,
Printzeak aitzinean zitzaizkon aphaltzen;
Jende behar, penatu, denen anaia zen,
Guziz bekhatorosak zituen bilhatzen.

6

Jesusen doloretan bihotza igeri,
Gorphutzez ere egin zen Jesusen iduri.
Nausi maiteak berak eginik bortz zauri,
Odoletan zohazkon nahitez ageri.

SAN IGNAZIO LOYOLAKOA

Errepika

Heskual herriaren, heskual herriaren
Zu zare, Ignazio patroin ta gloria,
Baita Elizaren, baita Elizaren,
Ongi beiratzeko, indar ta argia.

I

Ama saindu baten seme berezia,
Azpeitian zuen izan sor tokia;
Utzirik gaztetik Jainkozko bidea,
    Zuen maithatu bertzea.

2

Ohoren goseak zuen soldadotu,
Bainan Iruñen zen guduan kolpatu;
Jainkoaren graziaz laster ezagutu
    Nola zen munduan galdu.

3

Sainduen bizitzea zuen irakurri,
Eta-zer dagokon geroak ikhusi;
Geroztik du hartzen zeruko bidea,
    Hartan emaiten chedea.

4

Jesus agerturik, dago sendatua,
Gabaz du bakharrik uzten gaztelua;
Montserrat mendian da beila handia :
    Han dauka gogo guzia.

5

Iragan bizia han du arbuiatzen,
Bere bekhatuez han nigar egiten;
Oin huts, zakhu bat du hartzen soinekotzat.
Khorda latz bat lokharritzat.

6

Manrezea agertuz, tu denak harritzen ;
Haurrak eskolatzen, eriak arthatzen,
Han tu eskribatzen etserzizioak,
    Mariak irakhutsiak.

7

Geroztik, mundua konbertitu nahiz,
Humilki eskolak ditu hasten berriz.
Dute hartzen preso, latzki azotatzen :
    Hur'aldiz bozkariatzen.

8

Pariserat doha ; han tu lagun batzu ;
Heiek behar ditu guziz konbertitu
Elhe khartsuenez ditu etsortatzen,
    Eta kharretan emaiten.

9

Frantses, herritarra, fama gose zena,
Jesusen hitz hautaz saindutzen du dena :
« Frantses, zer zaizkitzu oro baliatzen,
   « — Arima baduzu galtzen? »

10

Jesusen bandera zuten han altchatu,
Luther apostata beharrez lehertu ;
Geroztik munduan harek du argitzen,
   Harek etsaia izitzen.

11

Ordutik saindua zen bizi Erroman,
Semeak zituen hedatu orotan ;
Berthute guziez bera aphaindua
   Zen hegaldatu zerura.

12

Orai, Ignazio, zerutikan zaude
Othoitz khartsuenez Heskualdunen alde,
Dizaguzu beira guzier fedea
Hel gaiten chede berera?

SAN FRANTSES XAVIEREKOA

Air : Je suis chrétien

Errepika

Heskualduna zare, san Frantses,
Gur' odola da zu baithan,
Egizu dohain ta khar berez
Gaiten sustatuak izan.

1

Apostolu bat da agertu
Berriz munduan san Frantses;
Etsaiak berak tu harritu
Mirakuilu ta berthutez.

2

Aita ganik zen Jatsukoa,
Aitoren semetan handi;
Amaz zen Xavierekoa,
Horrela Heskualdun garbi.

3

Parisen laster eskoletan
Zuten orok ezagutu,
Ezen hogoi ta bi urthetan
Zuten buruzagi hartu.

4

Bihotza urguluz bethea,
Munduaz lilluratua,

Amak irakhatsi bidea
Zuen ordukotz galdu.

5

Jainkoak zioen igorri
Bere lagun Ignazio,
« Deusek, zuten erran elgarri,
Ez dik zerua balio. »

6

Jainkoaz Frantsesek ordutik
Du bihotza sustatua ;
Nahi du hasi, aphezturik,
Debruarekin gudua.

7

Jakinik haren khar saindua,
Indioetarat joaiteko,
Aita sainduak dio manua,
Zerk du orai baratuko ?

8

Jesu Kristo jaunaz geroztik,
Ez dute ikhusi nihor
Haren botherea zuenik ;
Hain zen Satanentzat gogor.

9

Hilak hobitik ditu phizten,
Zeru, lur ta ifernuak
Hari dute obeditzen ;
Hambat dauzka harrituak.

10

Milaka ditu Paganoak
Egun oroz bathaiatzen.
Gutiegi, dio, zaizkola ;
Denak du gutiziatzen.

11

Bainan huna jina orena ;
Berregoi ta bortz urthetan
Du hartzen zeruko khorona,
Jesusentzat suspiretan.

12

Heskualdun maiteak, zueri
Zerutik dago san Frantses,
« Zuen arimez naiz egarri,
Orhoit zuen aitzinekoez ».

13

Fede beraz aberastuak,
Gaiten erabil sainduki ;
Gaiten izan leial, zuhurrak,
Zeruratzeko segurki.

JOANES BATISTA SALA DOHATSUARI

Errepika

Joanes Batista dohatsua,
Haur gazten bidatzailea,
Gu baithan, Aita amultsua,) bis.
Begira zazu fedea.)

1

Izan zare haurretik
Gure etsemplua ;
Zeruko Jainkoa, hastetik,) bis.
Izan da zure hautua)

2

Bethi ezdeuskeriak
Ditutzu zuk utzi ;
Kristauaren egimbideak) bis.
Nihoiz ez tutzu ahantzi.)

3

Zure saindutasuna
Izan da handia;
Eta zure khartsutasuna } *bis.*
Osoki miresgarria.

4

Dembora triste hautan
Galtzen da fedea;
Hirriskurik handienetan } *bis.*
Bizi da jende gaztea.

5

Ari da Ifernua
Gogoen nahasten;
Ifernuarekin, mundua, } *bis.*
Bihotz guzien usteltzen.

6

Joanes Batista Sala,
Oihuz gaude zuri;
Zeruan ahaltsu zarela } *bis.*
Erakuts ezazu guri.

7

Orotan fedearekin
Juan da berthutea;
Egon bedi Eskualdunekin } *bis.*
Egiazko sinhestea.

8

Guretzat othoitz zazu
Jesus gure Jauna,
Orori ardiets zaguzu } *bis.*
Zeruetan zoriona.

ERROMAKO ALDETIK

1

Erromako aldetik zer da argi hori?
Egiak dauku handik argitzen orori.
Beha dezogun, beha, bethi Erromari,
Erromako Eliza, Ama Sainduari ;
Beha dezogun, beha, umeek Amari (*bis*).

2

Hara Aita Saindua, Jesusen ordaina,
Aphez Soberanoa, artzainen artzaina,
Jondoni Petiriren ondoko zuzena,
Fedeaz dohanean trompa ez daitena :
Erromatik mundua argitzen du dena (*bis*).

3

Piarresi ziozkan guretzat Jainkoak,
Atchikitzerat eman argi fedezkoak ;
Argi berak dagozka haren ondokoak,
Munduko goibeletan ezin hitstuzkoak,
Orai hastean bezein garbi-ta osoak (*bis*).

4

Jesusek Piarresi erran zion behin :
« Elizaren zimendu hi behar haut egin.
« Hartako diat nahi harriz izan hadin,
« Ez zirok deus irabaz etsaiak hirekin,
« Berak dik minhartuko hi jotzearekin (*bis*).

5

« Hire gain uzten diat ene arthaldea ;
« Bildotsen bai ardien chuchen alhatzea.
« Hiri zagok Anaien beren azkartzea :
« Hik idek edo hets dek zeruko athea :
« Hik duk ene gakhoen podore bethea (*bis*).

6

Munduko nahasduren ulubiak ditu
Orai arteraino guziak suntsitu.
Piarresen harroka guti da higitu :
Elizaren arbola chutik da gelditu ;
Inharrosteaz zaizko erroak handitu (*bis*).

7

Lurreko puchantziek uste zuten eiki
Aise behar zutela Eliza aurdiki.
Berak dire erori !... gero ezin jeiki !
Guziak goaki, bainan Eliza egoki...
Hemeretzi menderen berri ja badaki (*bis*).

8

Erroma ! o Erroma ! Hiri famatua !
Lehen oro harena omen zen mundua !
Piarresen harroka han da finkatua,
Eta mundu guziko Eliza Saindua
Dena haren gainean da asentatua (*bis*).

9

Nork erran Piarresen Erroman sartzea ?
— Laster ohartu hintzen Emperadorea !
Biak nausi, elgarri jartzen dire beha :
Bat artzain ona bezein otsoa bertzea...
Hauta zak hor, Erroma, zoin dukan hobea (*bis*).

10

Haimbertze girichtino odol iretsirik,
Berari odol hura zainetan sarthurik,
Erroma chutitu zen girichtinoturik,
Emperadorek berek tronutik jautsirik,
Aita Saindua zuten utzi han jarririk (*bis*).

11

Aphez eta Errege : bi bothere betan,
Oi ! zein ederki dauden haren eskuetan !

Ez da sainduagorik buruzagietan :
Nor da zuzenagorik, nor khorodunetan ?
Gaichtaginek hortako dute begietan! (*bis*).

12

Munduak Erromari zer dio galdetzen ?
Egi-eta gezurra han bake ditezen.
Horra beraz mundua zertaratu haizen...
Egiarik ez nahi hautsiz mautsiz baizen !
Bainan Aita Sainduak osorik dauk zaintzen (*bis*).

13

Munduko nausitasun guzien gakhoa :
Horra Aita Sainduak duen eskukoa ;
Lurrekotzat emana zerutikakoa.
Hori hari khen eta nork duke dretchoa
Gizonak gizonari deus manatzekoa? (*bis*).

14

Oi zein handi, zein eder, zein gora zaren zu !
Zuri loriatuak beha gagozkitzu.
Aita Saindu maitea, haur bihotzdun batzu,
Eskualdunak, gu ere zureak gaitutzu :
Zurerik baizen ez da Eskualduntzat haizu (*bis*).

BERTZE ORDUZ ESKUALDUNEN FEDEA

1

Bertze orduz, Eskualdunen fedea,
Munduan urrun aiphatua zen ;
Hala nola heien pietatea
Hainitz jendek baitzuten laudatzen.

Errepika

Gure egunetan,	Zembaten bizia,	
Asko gizonetan,	Dena malezia,	*bis.*
Beren zorigaitzetan,	Bekhatuz guzia,	
Ez da sinhesterik.	Da hondaturik !	

2

Sinhestea galdu duen gizonak
Zernahi gaizki egin dezake ;
Jainkoaren hitzaz dudatzen denak
Phendura tzar guziak baituzke.

3

Haimbertze krima eta desmasia
Ikhusten dire egun lurrean,
Zeren eta fedearen argia
Goibeldua baitago munduan.

4

Satan gaichtoa, bazter guzietan,
Iduri du bitorios dela ;
Hemendik harat bere eskuetan
Gizonak, bai, bethikotz dauzkala.

5

Egiaz bethi ongi harmatuak,
Bihur gaiten finki etsaiari ;
Eta Elizari sumetituak
Oraiko impietateari.

6

Gure arbaso sainduek bezala,
Fede azkar bat izan dezagun ;
Doktrina tzarrak bethi ditzagula
Heiek bezala gutarik urrun.

7

Othoitz egin behar dugu khartsuki :
Othoitza da zeruko gakhoa ;
Harek dauku idekiren segurki
Bortha uros eternalekoa.

8

Abisu hautaz balia gaitezen
Fedea berriz phitzarazteko :

Baldin bagare ongi kombertitzen,
Jaunarekin gare baketuko.

9

Zutan dugu, ô Birjina Maria,
Gehienik gure esperantza ;
Zu zare ama on, ama eztia,
Bekhatoros guzien laguntza.

ZATO BEKHATOREA.

Errepika

Zato, bekhatorea, zato elizarat ;
Jainko Jaunaren hitza funtski aditzerat (*bis*).

I

Bekhatuen neurria bethe ez dezazun,
Adi zazu Jainkoak zer erraiten dautzun.
Ez egon bekhatuan, ez egon luzaro,
Damu izan ez dezagun alferretan gero.

2

Bekhatua ariman, lokhartzen bazare,
Menturaz ifernuan atzarriko zare ;
Urtherik aski Jaunak zuri eman daitzu,
Eta denak bekhatuz zuk bethe ditutzu.

3

Misione saindu huntan ontzen ez bazare,
Ifernuko su gaitzean geldituko zare.
Hau daiteke Jaunaren azkeneko deia,
Eta agertzen dautzu : zu salbatu nahia

4

Athera bada, orai beretik, khonduak,
Ez dezan izaria bethe bekhatuak.
Misioneko demboraz baliatu gabez,
Daude ja ifernuan hainitzak nigarrez !

5

Misione saindu huntaz ez baliatzera,
Menturaz heien lagun zu izanen zera;
Ai bekhatore itsu, lazo ta galdua,
Zoin den urrikaria zure estatua !

6

Ez bazira zu orai funtski konbertitzen,
Laster zar' ifernuan bethiko erretzen !
Holakorik zurekin, gerthatu ez. dadin,
Oraitik behar duzu kofesio ona egin.

OTHE DA DEUS NESESARIO DENIK

1

Othe da deus nesesario denik
Mundu huntan, baizen salbatzea?
Ez. ahal da halako zorionik
Nola zeruetara heltzea.

2

Mintza zaite, Jaun ona, hemen nago
Ekharria zure entzutera :
Zure nahiak tut komplitu gogo;
Othoi, zato ene borthiztera.

3

Uzten ditut guziak zure gatik,
Ezin duket zu gabe plazerik;
Amodioz zabiltza sustaturik
Ene bilha, zerutik jautsirik.

4

Urruñ beraz ene ganik mundua,
Ez, ez natzaik nihoiz jarraikiko;
Egin diat orai ene hautua,
Jainko Jauna bethi maitbatzeko.

5

Khurutzeak, aithortzen dut, hidala
Ene faltaz orai merezitzen :
Bainan gero, badakit dituela,
Penatuak, Jaunak khoroatzen.

6

Ikhusten dut zerua zabaldua :
Han behar naiz, egun batez, sarthu ;
Largatzen dut bihotz onez mundua,
Baitezpada nahi naiz salbatu.

7

Erro bekit bihotza zure suaz,
Ah ! indazu zure sokhorria ;
Arnegatzen dut, Jaun ona, munduaz,
Izaiteko zeruko loria.

MISIONEN ETHORTZEAZ

1

Misionen ethortzeaz
Jauna dela laudatu ;
Helas ! hauen eskasiaz
Hainitz dira damnatu.

Errepika

Kristau, leialak, zatozte
Laster misionerat ; [te,
Jainkoak deitzen zaituz-
Harekin baketzerat.

2

Bozkarioetan sarthu
Behar gare, kristauak ;
Zeruak zabaltzen ditu
Onthasun nasaienak.

3

Egun hautan, salbatzeko,
Egin ahal guziak ;
Bizitzez khambiatzeko
Galda orok graziak.

4

Adizak, bekhatorea,
Jainkoa zauk mintzatzen ;
Bekhatuen dolorea [zen.
Phizteaz hau hertchat-

5

Bekhatu guzietarik
Behar haiz, bai, urrundu,
Hekietan hagolarik,
Ez bahaiz nahi galdu.

6

Bekhatuaren'uztea
Ez duk oraino aski;
Bihurtzak nori berea
Non ez dukan zuzenki.

7

Balin baduk norbaitekin
Etsaigorik, herrarik,
Baketurik elgarrekin,
Maithazak bihotzetik.

8

Salbatu nahi bagira,
Ez da bertze biderik;
Urrundu beharko gira
Urhats galgorretarik.

9

Ai, hi, bekhatu gaichtoa,
Hiretu nauk ondikotz;
Galtzaile ifernukoa,
Habilkit sekulakotz.

KRISTAU GAZTE MAITEA

1

Kristau gazte maitea, zuretzat naiz mintzo;
Adi zatzu gogotik zembeit solhas gozo :
Zerurako bidea zaitzu irakhasten;
Eman zaite gogotik zu haren ikhasten.

2

Goiz danik behar duzu maithatu Jainkoa,
Naki baduzu izan bethiko gozoa.
Gazte gaichtoak dire gehienak galtzen;
Aldiz, gazte prestuak, zeruaz gozatzen.

3

Demboren egilea bide da Jainkoa,
Adin guzien ere jabe-egiazkoa :
Hala gare harenak gaztetasunean,
Nola ezindu eta zahar garenean.

4

Hortik badakuzagu gure eginbidea,
Iduki behar dugun bizitze moldea :
Jainkoa behar dugu orok zerbitzatu :
Haren lege saindua bethi begiratu.

5

Nola bada, gaztea, haiz errebelatzen,
Jaunaren zerbitzutik zerk hau aldaratzen ?
Debrua duk hautatzen nausitzat, zoroa ;
Utzirik hire jabe zuzen bidezkoa !

6

Ezagut ezak ongi hire esker gaichtoa,
Zein minki damustatzen dukan Jaun-goikoa :
Haren emaitza berez hi haiz baliatzen,
Hari gerla egile batzuen laguntzen.   .

7

Biziaren lorea da gaztetasuna,
Adin guzietan den prezatzekoena :
Gaizkira makhur bedi, ez daki non bara ;
Ongira itzul bedi, ah ! zein den suharra !

8

Gazteak dire zalhu, bizi eta khartsu ;
Zaharrak, berriz, gogor, uzkur, nagi, phisu.
Hek udá iduri dute bere-egun luzetan ;
Hauk, aldiz, negu latza, izotz, hormatetan.

9

Etsaiarentzat bada izanen othe duk,
Hire adin hautua, gaztea, erraguk ?
Jainkoarentzat daukak, ah ! bihotz gogorra !
Bekhatutan iragan egunen ondarra.

EZ DA MUNDU HUNTAN

I

Ez da mundu huntan,
Ez hunen agintzetan,
Behinere aurkhitzen
Zorion faltsorik baizen :
Bethi da gezurti
Hatzematen,
Halere bethi
Edireiten
Ditu gizonak,
Fidatu nahi zaizkonak.

2

Lore eta liliak,
Nola tu iguzkiak
Goiz-aldean zabaltzen,
Arrats berean mudatzen ;
Hala da gizona
    Khambiatzen,
    Haren adina
    Da suntsitzen :
    Sorthu_deneko
Han da arrasta hiltzeko.

3

Mundutar ariner,
Ez gazte libertiner,
Ez darotek agintzen
Atsegin gozorik baizen ;
Bainan pulümpatu
    Bainaiz hetan,
    Ez dut aurkhitu,
    Guzietan,
    Deus funtsezkorik,
Deus atsekabez bertzerik.

4

Hil behar gizonak,
Alfer tu onthasunak,
Diru nekhez bilduak,
Urhe eta zilhar multzuak ;
Liteken nihoren
    Behar gabe,
    Mundu beraren
    Balitz jabe,
    Hil eta zaio
Gathabut bat geldituko.

5

Gizon aiphatuak,
Handi ohoratuak,
Zuen titulu gorek,
Ez eta zuen ohorek,
Ez dute hiltzetik
    Begiratzen,
    Nihor hobitik
    Gibelatzen ;
    Hari itzurtzeko,
Handi sortzea ez da asko.

6

Gaur dohatsu dena,
Urhea dariona,
Inguratua pobrez,
Haren amoina beharrez,
Biharkotz daiteke
    Eroria,
    Baieta eske
    Ethorria,
    Bertzen atherat   [rat.
Sobra zembeit galdetze-

7

Atzo gaichtagina
Ikhusi dut igana
Zedro berez gorago
Hurren hedoietaraino ;
Ordean, iragan
    Naizeneko,
    Nihor ez zen han
    Gehiago ;
    Izan zen ere
Ez zen seinale batere.

8

Zembat Aletsandrek,
Zembat bertze Zesarek
Bere harmen indarrez,
Bere garhaiti ederrez,

Ez dute leihorra
  Mintzarazi,
Itsasoa bera
  Emarazi?
Eta, azkeneko,
Harrak dituzte ondoko.

GIZONA, NON DUK ZUHURTZIA

1

Gizona, non duk zuhurtzia?
  Zer, ez dakik
Ez dela deusere bizia
  Khe bat baizik?
Higuintzak, bihotzez, mundua
  Orai danik;
Herioa duk hurbildua
  Hire ganik.

2

Mundutar, plazer zoratutan
  Hondatua,
Gauza bat bedi hire baithan
  Finkatua;
Orhoit hadi hil behar dela
  Azkenean,
Bihar beretik haitekela
  Lur barnean.

3

Aberatsa, hire diruak
  Hau itsutzen,
Agintza faltsoez munduak
  Hau zoratzen.

Ah! has hadi enganioaz
    Ahalkatzen,
Bai eta funtski herioaz
    Beldur hartzen.

4

Gazte zoro, okupatua
    Aphainduraz,
Okupa zak izpiritua
    Sepulturaz :
Herioa, banitateaz
    Duk trufatzen;
Urgulusen hatzemateaz
    Duk jostatzen.

5

Tratulari, intres gosea,
    Deusek ere
Mundu huntan ezin asea,
    Behinere;
Sarri phutzu bak zaik emanen
    Egoitzatzat.
Bi braza lur dituk izanen
    Onthasuntzat.

6

Laboraria, alferretan,
    Haiz nekhatzen,
Maiz herioa duk het betan
    Gu ganatzen.
Hazilian egiteko lanak
    Tuk hiretzat,
Eta fruitu heldu direnak
    Premuentzat.

7

Mariñel, hambat hersturetan
    Habilana,
Laster haiteke uhinetan
    Hatzemana :
Ur pean edo leihorrean
    Haiz galduko;
Bizia zaik, muga denean,
    Eskastuko.

8

Bat ez zaio herioari
    Itzuliko;
Zorrozki dio bakhotchari
    Jazarriko;
Badaramatza erregeak
    Tronutarik,
Hain errechki nola pobreak
    Zokhotarik.

MUNDU ZORO

1

Mundu zoro, tromperiaz bethea,
Iduki nauk ondikotz gathetan;
Lausengari, enganakor tristea,
Hatzeman nauk, eta zembatetan !

2

Lore pean, arrantzeak gorderik,
Sar-arazi nauk hire saretan;
Hire baithan sobera fidaturik,
Erori nauk asko bekhatutan.

3

Non zen bada neure adimendua,
Bizitzean plazer galkorretan?
Ikhusten dut ene zorameudua,
Eta nago auhen minenetan.

4

Itsumendu ezin ahantzizkoa,
Salbatzekotz izan naiz kreatu ;
Egiteko guzien gainekoa,
Nola bada dut trebes largatu ?

5

Ez balitz plazerik baizen enetzat
Tronuraino banintz altchatua,
Hauk guziak ez nituzke deusentzat,
Egun batez banintz damnatua.

6

Zeru, lurren, guzien erregea,
Salbatzeko behar dut bilhatu ;
Gidaritzat hartu haren legea,
Bekhatua urrikiz borratu..

7

Gostaia naiz zure odol garbia,
Hustu duzu, nahiz ni salbatu ;
Zor darotzut, Jauna, bihotz guzia ;
Nahi zaitut nik ere maithatu.

HAU DA GURE ITSUMENDUA !

I

Hau da gure itsumendua !
Zerk gaitu bada zoratzen ?
Ahantzirik salbamendua,
Mundua dugu maithatzen.

2

Lurreko kargu, ohoreak,
Dire ephe gutitako;
Hango izaite, fagoreak
Zaizkit khearen pareko.

3

Arrosa arrantze gaberik
Ez ahal da nihon sorthù;
Ez eta munduko plazerik
Khiretsik gabe gerthatu.

4

Onthasun galkor batzuentzat
Ez gaitu Jaunak kreatu;
Sainduki bizi direnentzat
Bertzerik du aldaratu.

5

Zerua da dohatsutasun
Justuari agindua,
Oi! zer zorion, zen onthasun;
Izaitea salbatua!

6

Bethi libro doloretarik
Daude zeruan justuak :
Bethi bazter guzietarik
Loriaz inguratuak.

7

Nonbeit ongi maithagarria
Bide zare, o Zerua!
Zu zare, sainduen herria,
Plazeren ithurburua.

8

O ! egoitza zorionezko,
Guziz gozo, berezia;
Ala zure ganat heltzeko
Ongi baitut gutizia !

ITZUL HADI, ITZUL, BEKHATOREA

1

Itzul hadi, itzul, bekhatorea,
Jainko Jaunak deitzen hau arraiki,
Estima zak hitaz du'en galdea,
Eta emok bihotza osoki.

2

Bethiere, hire huts guzietan,
Egin dauiat pietatez oihu;
Ene gana deithu haut hambatetan
Bainan hago gogor eta muthu.

3

Zer da, errak, nik egin ez dudanik
Hi gaizkitik gibelarazteko?
Hambat argi izan duk ene ganik :
Hauk guziak, hi zeruratzeko.

4

Zeren gatik nauk bada ofentsatzen?
Naski, guziz ona naizelakotz.
Hain gogorki zergatik nauk tratatzen,
Ez nauk maite, maite haudalakotz?

5

Bizitze hau ez duk amets bat baizik,
Hil behar haiz eta noiz ez dakik,
Ez daroat nik agindu gerorik;
Ez asterik, ez eta orenik.

6

Izanen haiz egun batez zeruan
Edo dukek bethiko zorthea
Tormentetan, supean, ifernuan;
Eta ez duk gogoan hiltzea!

UKHO BEKHATUARI

Errepika

Orai danik bihotzetik,
Nahi naiz khambiatu;
Saindutzerat, salbatzerat
Nahi naiz lehiatu (*bis*).

1

Ukho bekhatuari,
Utz haren bidea,
Jarraik berthuteari;
Hartan da bakea.

2

Orhoitu salbatzeaz;
Zer da presagorik?
Bai eternitateaz;
Zer beharragorik?

3

Zure salbamendua
Nahuzu obratu?
Jainko-lege saindua
Behar da komplitu.

4

Jainkoa behar duzu
Maithatu osoki,
Hura adora zazu,
Othoitzaz, deboki.

5

Haren izen saindua
Dugun errespeta;
Burhoa, zin faltsua,
Haren kontra baita.

6

Jainkoaren iduriko
Egina denari,
Ekhar zuk amodio,
Nola zeroneri.

7

Igand' egun guziak
Emoitzu Javnari;
Entzun meza, bezperak
Jarraik elizari.

8

Phest' igandetan zaite
Urrun ostatutik;
Zuretzat han ez daite
Gasturikan baizik.

9

Tenorez bil etcherat;
Zer da hain ederrik!
Ez luzatu gerorat!
Gabak ez du onik!

10

Maitha zure ait' amak,
Maitha bihotzetik;
Onhets heiek erranak,
Obedi gogotik.

11

Beren behar ordutan
Zaitzu hek sokhorri;
Zahartze-egunetan
Egin ongi ethorri.

12

Obraz, ez nahikundez
Ez jazar nehori;
Bainan bai bihotz onez
Barkha etsaiari.

13

Gogo, hitz, et' obretan
Beira modestia;
Zure menekoetan
Atchik larderia.

14

Ez ebats bertzerena
Ez hartaz zu jabe.
Hartua dukezuna
Itzul luza gabe.

15

Beira zaite arthoski
Medisentziatik,
Et' oraino hobeki
Kalomniatzetik.

16

Zurea ez daitena
Zuk ez gutizia;
Arthatuz dukezuna
Ereman bizia.

17

Hurbil kofesatzera
Ahalik maizena,
Bai komuniatzera :
Hor da gure ona.

18

Egin zaitzu barurak,
Ahala baduzu;
Bekhatuen makhurrak
Hola chuchen zaitzu.

19

Meheko egunetan
Ez jan haragirik;
Ez eman ingurutan
Etsemplu gaichtorik.

20

Hol' eginez, bizia
Duzu saindutuko,
Zeruetan, Maria
Hola kausituko.

OI ! ZOIN DEN ZORTHE TRISTEA

1

Oi ! zoin den zorthe tristea,
    Bekhatorea,
Oi ! zoin den zorthe tristea,
    Phentsa zak maiz,
Bekhatuan bizitzea,
Salbatu nahi bahaiz (*bis*).

2

Jaun goikoaz gaitzetsia,
    Haren etsaia,
Jaun goikoaz gaitzetsia
    Erreboltan.
Deremak hire bizia
Tristeki mundu huntan (*bis*).

3

Soseguaz gabetua,
    Asaldatua,
Soseguaz gabetua
    Haiz aurkhitzen.
Gathibo bilhakatua
Zer estatutan haizen ! (*bis*).

4

Hire gozokerietan,
    Atseginetan,
Hire gozokerietan,
    Bihotzerat
Heldu zaik bethi betbetan
Zerbait salbatzerat (*bis*).

5

Herioaz orhoitzean,
    Guti ustean,

Herioaz orhoitzean
        Zer lastura !
Ez da hire bihotzean,
Hobenen erredura ! (*bis*).

6

Ez balitz deus beldurtzeko
        Bertze munduko,
Ez balitz deus beldurtzeko !
        Bainan Jaunak
Surat ditik aurthikiko
Kriman hiltzen direnak (*bis*).

7

Phentsazak, dohakabea,
        Hire ephea ;
Phentsazak, dohakabea,
        Hurbil dela ;
Luzaro bizi ustea
Egun hil ditekela (*bis*).

8

Bethi gerorat uztea
        Konbertitzea,
Bethi gerorat uztea
        Duk ondikotz ;
Norbait salbatu gogoa
Galtzea sekulakotz (*bis*).

9

Ez duk ez biharamunik
        Seguraturik ;
Has adi, has, egun danik
        Khambiatzen.
Bekhatua kitaturik.
Barkhamendu galdatzen (*bis*).

10

Salbatzaile amultsuak,
    Hire Jainkoak,
Salbatzaile amultsuak
    Hau bilhatzen.
Egun darozkik besoak
Hain maiteki hedatzen (*bis*).

11

Haren onthasun handiaz,
    Haren graziaz
Ez bahaiz egun lehiaz
    Baliatzen,
Laster bere justiziaz
Hasiko duk obratzen (*bis*).

12

Bihotz humiliatuak,
    Doluz zaurthuak,
Salbatzaile amultsuak
    Onhesten tik;
Eta heien bekhatuak
Ahanzten, barkhaturik (*bis*).

HELAS, ZER ARI NAIZ

1

Helas!
    Zer ari naiz,
    Ni zertan naiz
Mundu triste huntan?
    Helas!
    Zer ari naiz,
    Ni zertan naiz,
Nola bizi naiz!

    Hartua
Haren saretan,
    Herstua
Haren gatheetan,
    Helas!
    Heriora,
    Jainkoa gana
Ni nola noha?

2

Lurra,
Zertaz naukak?
Hik plazerrak
Darotzak hitzeman,
Lurra,
Zertaz naukak?
Hik plazerrak
Agindu dauztak.
Ordean,
Bethi gezurretan,
Orotan
Ni nauk hik atzeman;
Lurra,
Tromperian,
Bekhatuan,
Zertaz naukayan?

3

Bainan,
Noren bada
Hobena da
Ahanzten bazaitut?
Bainan,
Noren bada
Hobena da,
Ni zeihartzea?
Zure-obrak
Begietan ditut,
Hoin klarrak
Nola-ahanzten ditut?
Bainan,
Ah, zerua!
Bai, Jainkoa,
Ni naiz galdua!

4

Zure
Agintzetan,
Erranetan,
Zu zuzen aurkhitzen;
Zure
Agintzetan,
Erranetan,
Bethi batetan.
Mundua
Bethi gezurrean,
Gogoa
Bethi eskasian;
Zure
Bai eginak,
Bai erranak,
Ene argiak.

5

Bethi
Herioa,
Bai hobia,
Jauna, bistan ditut.
Bethi
Herioa,
Bai hobia
Bethi-idekia;
Horier
Begiak hetsitut;
Horier
Gorraren egin dut
Bethi;
Oi zoroa!
Oi Jainkoa!
Ni norat noha?

6

Gero
Loria bat,
Oi, gozo bat
(Hel nadila harat)!
Edo
Ifernu bat,
Erretze bat
Sekulakotzat;
Munduak
Ah! sura narama;
Jainkoak
Bere loriara :
Gero
Ah! mundua!
Ene arima!
Ni norat noha?

7

Hemen
Mundutikan
Ez dut izan
Bethiko agintzarik;
Hemen
Mundutikan
Ez dut izan
Moment batean,
Bethikotz
Iraunen duenik,
Nihongotz
Ez da zutan baizik,
Hemen
Jauna, hola
Zerk narama
Oro galtzera?

8

Errak,
Ifernuan,
Tormentetan
Hagoen tristea,
Errak,
Ifernuan,
Tormentetan
Haizena sutan :

Erraguk
Zerk hauen hortara,
Eta guk
Hirrisku duguna :
Errak,
Nola bada
Haizen horra
Zori hortara.

AH! GIZONA

I

Ah! gizona, bizi haiz itsutua;
Urruntzen haiz Jaunaren legetik;
Azken finak, uztekotz bekhatua,   } *bis.*
Galdu behar ez dituk gogotik.   }

2

Hil behar haiz; zer duk segurragorik ?
Hori diok zor herioari;
Ethorriko zaik, hik ustegaberik,
Emok hori hire buruari.

3

Izanen haiz, hil eta juiatua
Jainko Jaunaz; ordean justuki
Zer zorigaitz, ez baduk bekhatua,
Higuindurik, largatu osoki !

4

Berehala juie mendekariak
Zabalduren dik suzko leizea :
Han beharko tuk tormenta guziak
Bethi jasan, o zorthe dorphea !

5

Hala hala, sainduki bizitzerat
Jaungoikoak hau saristatuko,
Helduren haiz haren eskuin alderat :
Zeruaz haiz bethi gozatuko.

6

Hil, juiatu, galdu edo salbatu,
Beharko haiz, egia tristea !
Hire ona, nahi baduk aurkhitu,
Bilha ezak hire Jaun maitea.

7

Bere besoak darozkik zabaltzen :
Aita bat duk, nork erran zein ona.
Has hadi bihotzez haren maithatzen;
Hori duk hark galdetzen duena

ZER DIRE GURE EGUNAK

1

Zer dire gure egunak? Zer da gure bizia ?
Itzalaren pare dire : non dugu zuhurtzia
Atsegin iragankorrei bihotza largatzeaz?
Akhabo da laster gutaz; orhoit gaiten hiltzeaz.

2

Hobira gare hurbiltzen, sortzen garen ordutik;
Herioak, gure bortcha, garamatza mundutik;
Baratzetako loreak histen diren bezala,
Hola da gure bizia suntsitzen berehala.

3

Oi ! ez dugu zeren erran gazte, sendo garela,
Herioa gure ganik oraino urrun dela.
Sarri lur barnean daite bizi uste duena;
Nork daki noiz izanen den gure azken orena ?

4

Herioak nihor ez du munduan urrikari;
Bakhotchari nahi dio, bere mugan, jazarri;
Chumeak eta handiak ditu bere ganatzen,
Guziak, arte laburrez, herrautsetan ezartzen.

5

Zerentzat gintuzke beraz munduko fagoreak?
Laster utzi behar diren onthasun, ohoreak?
Arbuia dezagun lurra, eta bilha zerua;
Han du bakharrik aurkhitzen bihotzak deskantsua.

6

Sainduki hil nahi denak, loriarat heltzeko,
Utzi behar du gaizkia, ongiari lotzeko
Hori bera du manatzen Jaun onaren legeak
Lurreko printze, monarka guzièn Erregeak

7

Jainkotiarrak ez ditu hil beldurrak lotsatzen ;
Badakite, hil orduko, direla zeruratzen ;
Zembat ere herioak begia baitu larri,
Ongi bizi direnentzat ez da ikharagarri.

8

Zer zorthe erdiragarri, bekhatuan hiltzea !
Zer zorigaitz ! zer kalte min arimaren galtzea !
Begira gaitzatzu, Jauna, heriotze gaichtotik
Eternitate guzian erretzen egoitetik.

9

Jainko adoragarria, Aitarik hoberena,
Entzun zazu zure Seme gure gatik hil dena ;
Grazia eske dagotzu guretzat gurutzean
Arren fagora gaitzatzu gure heriotzean.

10

Ondikotz ! merezi tugu gaztigu garratzenak ;
Othoi, ahantz bekizkitzu, Jauna, gure hobenak.
Hel zakizkigu, Birjina, gure behar ordutan,
Guziz, o ! Ama maitea, hiltzeko orenetan.

ZUEN HERIOTZEAZ

1

Zuen heriotzeaz funtski orhoitzerat,
Lehia zintezkete ongi bizitzerat ;
Muga lazgarri hura datza hurbildua ;
Halarik ez duzue higuintzen mundua.

2

Plazerak, onthasunak, tutzue maithatzen,
Zuen gogo guzia hetan da baratzen ;
Hek utzirik bertzentzat, gutien ustean,
Aurkhituren zarete lurraren barnean.

3

Ethorri bezain sarri hiltzeko orena,
Oren, sainduak berak lazten dituena,
Juie ikharagarri, ordean justuak,
Nahiko tu punitu zuen bekhatuak.

4

Ez da zeren orduan laguntza bilhatu,
Auzo, ahaidetarat oihuz abiatu ;
Ez du nihork izanen urrikalmendurik,
Ez zaitzue emanen kontsolamendurik.

5

Etsitu beharko da zeruko graziez,
Baita mundu huntako fagore guziez ;
Zuen barkhamendua, nigar marrasketan,
Galdeginen duzue, bainan alferretan.

6

Zuen obra guziak dire agertuko,
Balentza zuzenetan dire phisatuko :
Ongiak izanen du saritzat zerua,
Gaizkiak gaztigutzat ifernuko sua.

7

Batbedera balimba nahi da salbatu,
Saindu, saindak bezala, loriaz gozatu,
Heien zorionerat heltzeko bidea,
Da bakharrik Jaun ona zinez maithatzea.

8

Dezagun beraz maitha sainduen Saindua,
Eta higuin, bihotzez, bethikotz mundua.
Oi ! ez bekigu ahantz hil behar garela,
Zeruko erresuma justuentzat dela.

ADITZEN DA TROMPETA

1

Aditzen da trompeta latzgarria,
Ethorri da Jaunaren eguna;
Egun triste, egun lotsagarria,
Bai egun guzien handiena.

2

Ihurtzuri eta chimista pean,
Lehenago Jauna mintzatu zen;
Bainan egun, bere majestatean,
Handiago guziei agertzen.

3

Aspaldi, lur bihurtu, haragiak
Erhaustuak ziren hezurretan;
Osaturik, istant batez guziak,
Phizten dire, chutituz batean.

4

Aingeru onek ematen dituzte
Merezitu duten eredura;
Gaichtaginak eta onak, bi pharte,
Jesu Kristoren bi aldetara.

5

Hobendunak, ezkerreko aldetik,
Ikhusten du Juie hasarrea;
Eta onak, Jaunaren eskuinetik,
Bake osoaren beithartea.

6

Errabian, ahalgez estaliak,
Gaichtaginak marrasketan daude;
Non zarete, lurrak eta mendiak?
Othoi hemen suntsi gaitzatzue!

7

Ifernuak, erraiak idekirik,
Diotzote, irets baginitza!
Bainan egun Jaunaren begietarik
Ez diteke ah! nihor geriza.

8

Orduraino gordeak egon diren
Krima beltzak eta itsusiak,
Agertzen tu guzien bistan hemen,
O Jesus! zure argi biziak.

9

Ilhumbetan, bakharrik sekretuan
Egin krimak, han agertzen dira;
Bihotzean eta izpirituan
Egin izatu direnak ere.

1 0

Biziak berthutearen kapaz
Estalirik munduaren bistan;
Enganatu gaituzten ipokritak
Emanen dire orduan argitan.

1 1

Gaichtaginak bere krimen laidoa
Hain handia edireiten badu,
Emanen den arrasta bethikoa
Ah! nola beharko du aditu?

1 2

Zohazkidate, ah madarikatuak!
Zohazkidate, urrun, ene ganik;
Sekulako surat kondenatuak,
Zohazte erretzerat orai danik.

13

Berthutea, kalomniaz belztua
Orduraino egon balimbada ;
Egun hartan, ohorez gainditua,
Goraki laudatua izanen da.

14

Egarriak, goseak, bilhuziak
Mundu huntan ibili direnak,
Egun hartan, espos soinez jauntziak,
Sasiatuko ditu Jaun onak.

15

Itzultzen da eskuineko alderat,
Arraiturik, Jaunaren bisaia ;
Ichurtzen du justuen bihotzerat
Oi ! zer bozkariozko ibaia !

16

Oi ! zer gozo aditzean : « Zatozte,
Ene Aitaz benedikatuak,
Har zazue ene lorian pharte,
Han dire zuen khoro trouuak. »

17

Istantean zerua da zabaltzen,
Ta justuak, arima eta gorphutz,
Bozkarioz gaindi dire altchatzen,
Izaiteko han bethikotz urus.

18

Oi ! egun segur bezain latzgarria !
Zein aldetan ikhusi behar nauk !
Bekhatoros hain lastimagarria,
Ikhusgarri hortaz bai hiri zauk !

PURGATORIOAZ

Aire huntan : *Itzul hadi, itzul, bekhatorea*

1

Oi ! arima Jainkoaz onhetsia,
Orhoit hadi badela lekhu bat,
Hemen, arras zeruko justizia
Satisfatu ez duenarentzat.

2

Borratua izan arren hobena,
Ez ziakuk Jainkoak barkhatzen ;
Gaizkiari, noizbeit, zor zaion pena
Non ez dugun osoki pairatzen.

3

Hurbil hadi purgatoriotarat,
Jainko botherea bera denak
Egin duen suzko leze hartarat ;
Entzunen tuk auhenik minenak.

4

Arima hek, gauza gutia gatik,
Bizi dituk hatsgorapenetan ;
Urrunduak oraino loriatik,
Aurkhitzen tuk tormenta dorphetan.

5

Zembatenaz maithagarriagoa
Ezagutzen baitute Jainkoa,
Hambatenaz zaie borthitzagoa
Jasan behar duten ondikoa.

6

Lege balitz mundura bihurtzea,
Hango penak behin frogaturik,
Ez, ez laite zilhegi mintzatzea
Jainkoaren justiziaz baizik,

7

Oi ! menturaz, gure adiskideak
Gure gatik dire punituak ;
Gure auzo, burhaso, ahaideak,
Gure faltaz, sutan hondatuak !

8

Behar bada, hemen gure alderat
Amodio sobra zutelakotz,
Izan dira purgatoriotarat
Aurthikiak, hainitz urthetakotz.

9

« Zuek, gure adiskide maiteak, »
Diote maiz, nigar marrasketan,
« Othoitz, barur eta karitateak,
Egitzue gure fagoretan. »

NIGAR MARRASKETAN

1

Nigar marrasketan,
Arima damnatuak,
Lez' eternaletan
Bethikotz hondatuak
Daude; aditzagun
Heien botz sarkhorrak;
Ongi har detzagun
Heien errenkurak.

2

Jaunaren kolerak
Azpian gaitu hartu,
Lurreko demborak
Gaizki emplegatu
Bide galduetan;
Orai gare hemen,
Ah ! zori gaitzetan,
Biktima su lamen.

3

Bai, hemen, khar pean,
Zerurat gintezkenak,
Ah ! tormenta pean,
Dohakabe garenak,
Gaude, eta hola
Menderen mendetan,
Egonen garela
Jakin, nigar hautan !

4

Zer ondore duten
Gure banitateek !
Zertarat gaituzten
Gure libertateek !
Atsegin zikhinak
Lakhet zitzaizkigun ;
Su lama saminak
Orai iretszagun.

5

Oihuz zagozkigun
Gure predikariak ;
Ah ! zeren ditugun
Tapatu beharriak,
Zure justiziak,
Jauna, leze huntan,
Gauzka ezarriak,
Bethiko penetan.

6

Zure kontra ginen,
Mundutar lagunekin,
Tropaka altchatzen,
Oi ! zer furiarekin.
Hots, mendeka zaite ;
Bai justu da, Jauna,
Guretzat ez daite
Hemen sobra pena.

7

Hunela galtzekotz,
Oi ! zuek, aita, amak,
Hunat egortzekotz
Helas ! gure arimak :

Zertako han harat,
Bathaio saindutik,
Ez egor thombarat
Bizien artetik ?

8

Hik, ni galdu nauk, hik,
Mundutar bolatua ;
Jaunak beharko dik
Doblatu ifernua
Hire punitzeko,
Eman eskandalez
Hiri jazartzeko
Bere ahal doblez.

9

Hots bada, kristauak,
Hemen ikhusazue,
Egunekin gauak,
Han nahi ditutzue,
Urtheak mendekin,
Deithora min hautan,
Han, damnatuekin,
Eraman lezetan ?

10

Zuri dauzkitzugu
Behar eskerrak eman ;
Zuri zor dautzugu,
Jauna, ez baigare han,
Ifernukoekin,
Nigar marrasketan,
Baltsatuak hekin,
Hekien penetan.

1 1

Orai hemen, Jauna,
Miserikordioski,
Ah! gorphutz hau unha,
Nahi bezain garratzki;

Azurriatuak
Munduan gareno,
Toleja gaitzatzu
Heriotzeraino.

KREATURA DAMNATUA

1. *Galdea.*
Kreatura damnatua,
Zerk hauen tormentat-
[zen,
Zer den hire ifernua,
Hire penak zer diren,
Erraguk, erraguk;
Argitu nahi gaituk.

2. *Ihardestea.*
Ezin erran dirot hitzez
Zembat dudan sofritzen;
Ene dolore borthitzez
Hasten banintz mintzat-
Flakoak, flakoak, [zen,
Litezke hitz guziak.

3. *Galdea.*
Ez badezakek esplika
Zembat dukan pairatzen,
Sentitzen dukan bezala
Erdizkache bederen
Erraguk, erraguk;
Argitu nahi gaituk.

4. *Ihardestea.*
Ene zorigaitzak ez du
Helas! bertze neurririk

Jainko guziz botheretsu
Baten kolera baizik;
Bethikotz dohatsu
Izan nintekelarik.

5. *Galdea.*
Hire pena zertan datza,
Zerk darozkik zilhatzen
Arima eta gorphutza?
Has hadi bad'agertzen
Erraguk, erraguk;
Argitu nahi gaituk.

6. *Ihardestea.*
Gorphutzak eta arimak
Ditu bethi erretzen
Su mirakuiluzkoenak,
Bainan ez kontsumitzen;
Sua dugu hemen
Jaten eta edaten.

7. *Galdea.* [rak
Su latzgarri horren khar-
Zembat iraun behar du?
Element horren indarrak
Noiz behar du jabaldu?
Erraguk, erraguk;
Argitu nahi gaituk.

8. *Ihardestea.*
Ez diro deusek iraungi
Behin phiztu denean ;
Iraun beharko du bethi,
Bethi indar berean,
Jaunaren kolerak
Buhatzen duen suak.

9. *Galdea.*
Zer lekhu den ifernua,
Zer dukan hor ikhusten ;
Nortaz haizen lagundua,
Nork duen hor manatzen ;
Erraguk, erraguk ;
Argitu nahi gaituk.

10. *Ihardestea.*
Ifernua da leze bat,
Satanen erresuma ;
Jaunak aurthiki du hunat
Gaitz guzien bilduma ;
Mustro beltzik baizen
Ez da hemen ikhusten.

11. *Galdea.*
Hire pena guzietan
Zein da latzgarriena,
Gehienik hil baithan
Erdiratzen hauena ?
Erraguk, erraguk ;
Argitu nahi gaituk.

12. *Ihardestea.*
Orhoitzean, ene faltaz
Gabetua naizela,
Bethikotz, ene Jainkoaz,

Erhotu bat bezala
Dolorez, chagrinez,
Jartzen naiz, haren mi-
                    [nez.

13. *Galdea.*
Zertako haiz hi orhoitzen
Galdu dukan Jainkoaz ?
Zergatik ez duk etsitzen
Haren amodioaz ?
Erraguk, erraguk ;
Argitu nahi gaituk.

14. *Ihardestea.*
Higuintzera bortchatua
Naizen Jainkoa gana
Ez dakit zerk, herchatua,
Instant oroz narama ;
Bethi bereganik
Khasatzen nauelarik.

15. *Galdea.*
Nola dukan merezitu
Jainkoaren kolera,
Zeren gatik kondenatu
Hauen supliziora,
Erraguk, erraguk ;
Argitu nahi gaituk.

26. *Ihardestea.*
Dela madarikatua
Sorthu nintzen eguna,
Eta lehen bekhatua
Egin izan nuena !
Krima hark, ondikotz,
Galdu nau sekulakotz.

17. *Galdea.*

Bekhatu mortal bakhar
Aski bada galtzeko, [bat
Milak' egin tuztenentzat
Zer pena othe dago ?
Erraguk, erraguk ;
Argitu nahi gaituk.

18. *Ihardestea*

Gaztiguen hedadura
Gaichtoek, leze huntan,
Beren krimen arabera
Behar dituzte jasan,
Fin gabeko penak,
Ez ordean bardinak.

JAUNAK GAUZKA

1

Jaunak gauzka mundu [huntan
Hemendikan zerurat ;
Bere ganat hartzekotan,
Dohatsuen baltsarat ;
Altchatzagun arren bo-
Khanta errepiketan, [zak,
Bozekin junta bihotzak
Zerurako hotsetan.

2

Bekhotz bekho zaitugula
Hurranik ikhusiko ;
Zu baithan ez daukuzula
Deus ere estaliko ;
Jainko handia, miletan
Darokuzu agintzen ;
Bethi zure agintzetan
Zare chuchen aurkhitzen.

3

Gure ilhumbe lodiak
Dire hor suntsituko ;
Zuk agertu bekhohiak
Gaitu hor argituko.

Argi suerte guziak,
Egia guziekin,
Ditezke gure argiak
Zu ikhustearekin.

4

Ah ! gizonek balakite
Zer zorion guretzat
Daukazun hor! ez litezke
Hain flotch kreaturentzat ;
Hemengo plazer laburrak
Khirets litzaizkokete ;
Desira osoen kharrak
Horrakotz lituzkete.

5

Gozo suerte guziak
Golkhotikan golkhorat,
Jaungoikoak ichuriak
Dohatsuen baitharat ;
Behin ere huts arterik,
Hibaiaz zurrutaka ;
Ez etare gutitzerik,
Han dohaz uholdezka.

6

Zer ikhusi du begiak
Egundaino munduan,
Zer aditu beharriak,
Zabaldu den orduan ?
Asma ez daite deusikan
Orai hemen lurrean,
Ez eman daitekenikan
Hango onen aldean.

7

Zu zare gure egoitza
Ezin asmatuzkoa,
Jaunaren azken emaitza,
Bethi gozatzekoa ;   [rik,
Gorphutz hilkor haurtzi-
Arima hauk hor gora
Doazenean garbirik
Lur huntarik, ochala !

8

Gutarik bakhotcharentzat
Khoroa, tronu bana,
Berthutearen saritzat
Ah ! hor daukagu, Jauna.

Khoro, tronu distiantak,
Zuen ardiesteko,
Fedezko medio puchantak
Tugu bethi hartuko.

9

Lur huntarik altchaturik,
Zure beso eztiez,
Gero zuk khoroaturik
Zure esku garbiez ;   [ruak,
Noiz, Jauna, gure bu-
Tronu gain horietan
Deitezken zutaz hartuak,
Gaude maiz suspiretan.

10

Lurrean hemen ditugu
On gaitzak nahasteka ;
Gauza guziak zaizkigu
Gerthatzen aldarteka ;
Nahaste, ez mudantzarik
Zeruan behinere :
Bai, on guziak bildurik
Han tuzte bethiere.

ZERUA SARITZAT

Errepika

Zerua,
Zerua, zerua
Saritzat (*bis*).

1

Zerua saritzat,
Har kuraye kristauak
Hemengo nigarrentzat.
Derauka Jainkoak.

2

Zerua saritzat,
Salba beraz arimak
Utzi mundutarrentzat
Atsegin galkorrak.

3

Zerua saritzat,
Hots bada, o gaztea,
Dezazu bethikotzat
Maitha berthutea.

4

Zerua saritzat,
Hots bada aita amak
Egin zuen haurrentzat
Othoitz kartsuenak!

5

Zerua saritzat,
Ikhus zuen adinak
Iragan demborentzat
Egin nigar minak.

6

Zerua saritzat,
Nola ez bozkaria?
Dukegu guretzat
Bethiko gloria.

HUMILKI ZAITUT ADORATZEN

1

Humilki zaitut adoratzen;
Ahuspez zure oinetan;
Jauna, zuk nauzu fagoratzen.
Behar ordu guzietan.

Errepika

Orai egidazu grazia
Bihotzaren zundatzeko;
Han den phozoin gaichto guzia ⎰ bis.
Lehen bai lehen khentzeko. ⎱

2

Ikhus detzadan ene faltak,
Othoizten zaitut, Jainkoa;
Eta heien ikhuste klarrak
Trista biezat gogoa.

3

Hurbildik etsaminatzerat;
Egin ditudan gaizkiak,
Milaka zaizkit aitzinerat
Heldu neure flakeziak.

4

Gogoz, obraz, orobat hitzez,
Hautsi tut zure manuak;
Itchurazko bere plazerez
Enganatu nau munduak.

5

Oi! urrikal nakizu, Jauna,
Higuintzen dut bekhatua;
Bakharrik zeren zaren ona,
Ez zeren den Ifernua.

6

Leialki dut begiratuko,
Orotan, zure legea;
Ez naiz handik aldaratuko :
Hori da neure chedea.

7

Zembat diren urrikaltzeko
Gaizkian oi! daudezenak!
Heientzat daude sekulako
Tormenta lazgarrienak.

8

Zer zuhurtzia, orhoitzea
Ifernuko suzko kharrez!
Zeruaren merezitzea,
Urrikiaren nigarrez.

BARKHA, JAUNA

Errepika

Barkha, Jauna, bai, dolu dugu,
Zu hambat ofentsaturik;
Othoi urrikal zakizkigu
Ostia saindu hortarik.

9

I

Aithortzen dugu zaitugula
Hainitz eta hainitz laidostatu ;
Zure ongiak ditugula
Mila, mila bekhatuz pagatu.

2

Gure fedea flakatzera
Aspaldian dugu, helas! uzten ;
Zure manuen beiratzera
Deusek ez gaitu lehiarazten.

3

Ah! Jauna, othoi, argi zaitzu
Gure kontzientzia itsuak ;
Gure bihotzetan egizu
Ikhara gaitzan bethi gaizkiak.

4

Egizu ahantz ez ditzagun
Ah! Jauna, zure jujamenduak ;
Bai bethikotz gaitzala egun
Har zure beldurtasun sainduak.

5

Zure beldur sainduarekin,
Iguzu zure amodia ;
Bethi aingeru, sainduekin,
Zaitzagun lauda, Jaun dibinoa.

ZURE KONTRA NAIZ ALTCHATU !

Errepika

Oi! nola, oi! nola !
Mundu huntan kontsola ?

1

Zure kontra naiz altchatu,
Zeru lurren Nausia;
Zure kontra naiz harma-
Hau da atrebentzia! [tu;

2

Galdu du inozentzia,
Orhoitzeko kaltea!
Harekin bake guzia;
Hau da neure zorthea!

3

Bathaioak, Jainkoari
Ninduen kontsekratu;
Bainan laster etsaiari
Bekhatuak libratu.

4

Nintzeneko bathaiatu,
Oren hartan berean,
Ah! ochala banintz sarthu
Hil gogorra lur pean!

5

Aldarearen oinetan
Egin tudan botuak,
Ene hobenez, miletan,
Dire ostikatuak.

6

Zer ez duzu, zuk, enetzat
Egin, Jesus maitea!
Noiz izanen naiz zuretzat
Ezagutzaz bethea!

7

Tresor guziz berezia
Ez dut aski prezatu :
Jauna, dut zure grazia
Ondikotz! arbuiatu.

8

Damuz, urrikiz zaurthua,
Heldu naiz zure gana :
Izan bedi borratua
Bizitze iragana.

HUNA, JAUNA, ARDI BAT

1

Huna, Jauna, ardi bat galtzen zena,
Ez bazindu izan urrikari;
Bainan orai zure eztitasuna,
Agertzen da nere arimari.

Errepika

Zure ganat, oi ene Artzain ona,
Graziak nau egun erakharri. } *bis.*

2

Mundu pean, ondikotz! nintzen galtzen,
Eta bizi nintzen alegera;
Bainan non da, oi! Jauna, zutan baizen,
Egiazko bihotzen plazera?

3

Ikhusten tut ene erhokeriak,
Hainitz aldiz zaitut ofentsatu.
Barkha zatzu ene hoben guziak;
Urrikiaz nahi tut borratu.

4

Hirritatu dut maiz zure kolera,
Zure kontra altchatzen nintzela.
Nola atrebi, zu ene Aita deitzera,
Erraitea zure ume naizela?

5

Helas! Jainko guziz ona zarena,
Berant zaitut, berant, ezagutu!
Berant zaitut, gauza guzien Jauna,
Mundu huntan egiaz maithatu.

6

Zure ganik, ez penek, ez plazerek,
Ni ez naute nihoiz urrunduren;
Ez hiltzeko herstura handienek,
Zu laudatzetik gibelaturen.

ZURE GANA JAUNA

Zure gana, Jauna,
Ene jabe ona,
Itzultzen naiz bihotzez,

Zu gabe lurrean,
Bethi gaizki pean (*bis*).
Ibili naiz (*bis*).
Ibili naiz trebes.

ZURE KONTRA, JAUNA

I

Zure kontra, Jauna,
Aita ona, ene Nausia!
Zerk nau altcharazi?
Zerk nau bihurrarazi?
Oi! erhokeria! hau da atrebentzia!

Errepika

Barkha, Jauna, barkha (*bis*),
Jauna, gure Aita ona,
Barkha, Jauna, ez zarea ona?

2

Erraiten zinautan
Bekhatutan nintzen demboran :
Ene haurra, haugi!
Deitzen haut eztiki!
Hil et' ifernuan nahuka egon sutan?

3

Zure haurra, Jauna,
Hun' emana zure oinetan!
Oi! beha zadazu,
Nahi dut barkhamendu!
Barkha beraz, barkha!
Heldu naiz nigarretan!

JESUS ONA, NOIZBEIT

1

Jesus ona,
Noizbeit zure oinetan,
Gure hutsez gaude ahalketan.
Zorigaitz handiena!
Arbuiatu zaitugu,
Jesus ona!

2

Aita ona,
Othoi, hel zakizkigu :
Dugu, helas! merezi gaztigu;
Bainan zure bihotz ona
Ah! urrikal bekigu,
Aita ona.

3

Sekulakotz,
Zinki hitz dautzugu,
Bekhatuak gaur uzten ditugu!
Zure lege saindurakotz
Dire gure botuak,
Sekulakotz.

ALA NI BAINAIZ DOHAKABEA

1

Ala ni bainaiz dohakabea,
Jainkoaren ofentsatzeaz;
Satan gidari hartzeaz!
Ene zorthearen tristea!
Satan gidari hartzeaz!
Gisa hortan zerua galtzeaz!

2

Ez dut ez galdu choilki zerua,
Eta ifernua merezitu;
Neure Jainkoa dut galdu,
Neure Salbatzaile amultsua.
Neure Jainkoa dut galdu,
Haren kontra naizenean altchatu.

3

Orai dut, orai, ezagutzen
Ene gaizkien malezia;
O! Jainko maithagarria,
Guziak orai tut higuintzen;
O! Jainko maithagarria,
Bihotzetik indazu urrikia

4

Orai, Jauna, nork emanen daizko,
Ene adimenduari, indarrak?
Ene begier, nigarrak?
Ene bihotzari, khar asko?
Ene begier, nigarrak?
Hor litezke, hor, ene plazerak.

5

Etzaitut berriz ofentsatuko,
Sekulan, o Jainko maitea!
Miletan lehen hiltzea,
Bethi zu zaitut maithatuko;
Miletan lehen hiltzea,
Ezenez zu berriz galtzea.

OI! ZEIN DIREN DOHATSUAK

I

Oi! zein diren dohatsuak
Bekhatutik urrunduak,

Berthutez berreginduak
Bizi direnak!
Salbatzea gatik,
Jesus bihotzetik,
Guzien gainetik,
Maite dutenak !

2

Zer erran garbitasunaz,
Hambat maithatzen duzunaz,
Hain guti maithatzen denaz,
Dembora huntan?
Berthute maitea,
Birjinen lorea!
Bed' izan gurea
Menden mendetan.

3

Zer du arima kharteuak,
Bere Jainkoaz hartuak,
Munduaz desgustatuak,
Zer egiten?
Atzartasunari,
Othoitz usuari,
Mahain sainduari,
Da jarraikitzen.

UTZIZ GEROZ BEKHATUA

I

Utziz geroz bekhatua,
Bertze bat naiz aurkhi-
Ene barnea boztua [tzen;
Bet-betan dut sentitzen.

Oi! hau da alegrantzia!
Bakerik gozoenak
Bethe daut bihotz guzia,
Khendurik hango penak!

2

Soseguaz gabetua,
Nahasi bat bezala,
Bizi nintzen zoratua,
Neronek dakit nola.
Zembatenaz plazeretan
Bainintzen pulumpatzen,
Hambatetan arrantzetan
Barnago nintzen sartzen.

3

Maiz ene barneko penez
Nintzen tormentatua,
Halaber, ene hobenez
Arras ahalkatua. [roka!
Zer bihotzmin! zer bor-
Zer ez nuen pairatzen,
Nahi guziez ithoka
Nintzencan gozatzen!

4

Iragan enganioa,
Egun dut kondenatzen;
Munduan bozkarioa
Nuen bada bilhatzen!

Atsegabez hiratua,
Bihotza griña pean,
Egon naiz asaldatua,
Khambiatu artean.

5

Phorroskatu bezain sarri
Etsaiaren gatheak,
Zoriona daut ekharri,
Berekin, berthuteak;
Deskantsuz gaindi egina,
Bizi naiz lorietan;
Oi! nolako atsegina
Den orai ene baithan!

6

Izan bedi khantatua
Jaunaren onthasuna,
Guzietan laudatua
Haren zuzentasuna.
Aski da konbertitzea,
Harekin baketzeko,
Haren gana bihurtzea,
Dohatsu bizitzeko.

MEDISENTZIAZ, BIZIO BAT

1

Bizio bat, orotarat ondikotz hedatua,
Arimen galarazteko, Satanek asmatua,
Hemen baltsan behar dugu lehiaz atakatu;
Kristauen bihotzetarik bethikotz desterratu.

2

Hura da gure mihiaz gaizki zerbitzatzea :
Bethi zerbeit erraiteko berzeentzat aurkhitzea;
Hura da medisentzia : lazten nau aiphamenak,
Nork kompreni, nork esplika segida dakharzkenak?

3

Nor da haren gerizean eman daitekeienik?
Zein da bada zerbeit gisaz kolpatzen ez duenik?
Haren lantza kolpe minak nork ez ditu frogatzen?
Haren phozoin kaltekorra non ez othe da sartzen?

4

Nohan huna, nohan hara, nohan guzietara,
Mihiak ditut khausitzen plegatuak gaizkira :
Batere banaiz trikatzen munduko solhasetan,
Bethi zerbeit dut entzuten lagunaren kaltetan.

5

Nihor ez du medisentak munduan guphidesten;
Jainkotiarrak ohi tu gehienik gaitzesten.
Ez mirets, nahi badio bertzeen ohoreari,
Inbidia, jelosia, ditu bere gidari.

6

Medisentaren mihian ez da zeren khondatu,
Haren baithan fida dena laster daite trompatu;
Suge bat, da lore-pean gorderik bizi dena;
Noiz edo noiz, nor edo nor ausikitzen duena.

7

Aditzerat medisenta, berak ez du baiarik,
Inozentzia bera da pharte guzietarik;
Lasto bat ikhusiren du bertzeren begietan,
Eta ernai lodiena behihere beretan.

8

Ez du protsimo laguna berehala larrutzen,
Hasteak ederrak ditu, badaki lausengatzen;
Heldu da gero bainan bat : hitz'hunen maleziak,
Itzurristatzen ohi tu laudorio guziak.

9

Hik dituk, medisentzia, auzoak asaldatzen
Adiskide, ahaidetan hotztasunak ezartzen;
Hedatzen duk nahasdura gure bihotzetara,
Herri, hiri, erresuma, bazter guzietara.

10

Zer ethorri zare bada, karitate maitea,
Dohain eder, preziatu, plazer gozoz bethea?
Zer bilhakatu da bada zutaz eman manua?
Oinen azpian dabila; oi! hau zoramendua!

DOHAINETAN EDERRENA

1
Dohainetan ederrena,
Hain baliosa dena,
Egun nahi dut aiphatu,
Errepikaz khantatu.

Errepika
O! garbitasun maitea!
Plazer eztiz bethea!
Ochala! zu laudatzean
Bazintut bihotzean!

2
Berthute preziatua,
Ez aski maithatua,
Lore guzien lorea,
Arrantzerik gabea !

3
Bethi duzu distiatzen,
Barnea deskantsatzen;
Zu berekin zaituena
Datza dohatsuena.

4
Non nuke adimendua,
Onhetsterat mundua?
Urrun da segur baitut
Haren gutiziarik.   [nik,

5   [tzeak,
Jainko choila maitha-
Hari jarraikitzeak,
Egiten dik, ô gizona !
Funtsezko zoriona.

6

Amodio mundukoa,
Phozoin ondikozkoa,
Phisuak eta dorpheak
Dituk hire gatheak.

7

Non zaitut kastitatea,
Bihotzaren bakea?
O! berthute berezia,
Zutan natza guzia!

8

Zuk nauzu, kastitatea,
O berthute maitea!
Osoki bozkariatzen,
Damuetan kontsolatzen.

CANTIQUES FRANÇAIS

OUVRAGES DU SEIGNEUR

1

Ouvrages du Seigneur,
Célébrez sa grandeur ;
Annoncez sa puissance et sa gloire :
Ouvrages du Seigneur,
Célébrez sa grandeur ;
Rendez gloire à votre Créateur.
Vos beautés, vos attraits,
De ses divins bienfaits
Rappellent la mémoire ;
Vos beautés, vos attraits,
De ses divins bienfaits
Nous offrent mille traits.

2

Quel éclat radieux
Dans la voûte des cieux !
Qu'on y voit de beautés ineffables !
Quel éclat radieux
Dans la voûte des cieux !
Que d'objets y ravissent mes yeux !
Astres du firmament,
Louez incessamment
Ses grandeurs adorables ;
Astres du firmament,
Louez incessamment
Un maître si puissant.

3

Venez tous, ô mortels,
Au pied des saints autels,
Adorer ce monarque suprême;
Venez tous, ô mortels,
Au pied des saints autels,
L'honorer par des vœux solennels.
Il vous fait chaque jour
Eprouver son amour :
Aimez-le comme il aime;
Il vous fait chaque jour
Eprouver son amour :
Aimez-le à votre tour.

4

Anges, répétez-nous
Ces cantiques si doux
Que vos voix font entendre sans cesse;
Anges, répétez-nous
Ces cantiques si doux;
Nous voulons louer Dieu comme vous.
Qu'à jamais notre cœur
Imite la ferveur
Du zèle qui vous presse;
Qu'à jamais notre cœur
Imite la ferveur
Qui fait votre bonheur.

SEIGNEUR, DÈS MA PREMIÈRE ENFANCE

I

Seigneur, dès ma première enfance
Tu me prévins de tes bienfaits;
Heureux si ma reconnaissance
Dans mon cœur les grave à jamais.

Refrain

Le monde trompeur et volage
En vain m'offrirait sa faveur,
Je n'en veux point : tout mon partage
Est de n'aimer que le Seigneur (*bis*).

2

Dieu règne en père dans mon âme,
Il en remplit tous les désirs ;
Et l'amour pur dont il m'enflamme
Vaut seul mieux que tous les plaisirs.

3

Si je suis constant et fidèle
A conserver son saint amour,
Une récompense éternelle
M'attend dans son divin séjour.

4

Non, mon Dieu, je n'aime la vie
Que pour t'aimer et te servir ;
L'amour nous ouvre la patrie,
Aimons jusqu'au dernier soupir.

O MONARQUE SUPRÊME

1

O Monarque suprême,
O Dieu de majesté !
Dieu caché dans vous-même
De toute éternité !
Les temps sont accomplis, apparaissez aux hommes ;
Venez, venez et montrez-vous ;
Faites-vous enfant comme nous ;
Soyez ce que nous sommes.

2

L'Ame. Seigneur, daignez vous rendre
Et répondre à nos vœux.
Le Messie. Je ne puis m'en défendre,
J'y réponds, je le veux.
Je viens, mais je prétends me choisir ma demeure.
L'Ame. Telle, Seigneur, qu'il vous plaira.
Le Messie. Une étable me suffira ;
J'y descends dès cette heure.

3

L'Ame. Vous, qu'un père adorable
Engendre dans son sein,
Naître dans une étable !
Quel est votre dessein ?
Pourquoi non dans un lieu séjour de l'opulence ?
Le Messie. C'est afin que ma pauvreté
Vous enseigne l'humilité,
La première science.

4

Le Messie. Je prétends que ma vie
Vous tienne lieu de loi.
L'Ame. Ah ! j'en serai ravie,
Mon Seigneur et mon Roi.
Combien il est aisé d'imiter ce qu'on aime !
Alors il est doux de souffrir ;
Alors, même s'il faut mourir,
C'est le bonheur suprême.

MINUIT ! CHRÉTIENS !

Ténor ou Soprano

I

Minuit ! Chrétiens ! c'est l'heure solennelle
Où l'homme Dieu descendit jusqu'à nous,

Pour effacer la tache originelle,
Et de son père arrêter le courroux :
Le monde entier tressaille d'espérance
A cette nuit qui lui donne un Sauveur.
Peuple, à genoux ! attends ta délivrance !
Noël ! Noël ! voici le Rédempteur (*bis*).

2

De notre foi, que la lumière ardente
Nous guide tous au berceau de l'enfant ;
Comme autrefois, une étoile brillante
Y conduisit les chefs de l'Orient :
Le Roi des rois naît dans une humble crèche ;
Puissants du jour, fiers de votre grandeur,
A votre orgueil c'est de là qu'un Dieu prêche ;
Courbez vos fronts devant le Rédempteur (*bis*).

3

Le Rédempteur a brisé toute entrave,
La terre est libre et le ciel est ouvert ;
Il voit un frère où n'était qu'un esclave ;
L'amour unit ceux qu'enchaînait le fer :
Qui lui dira notre reconnaissance ?
C'est pour nous tous qu'il naît, qu'il souffre et meurt :
Peuple, debout ! chante ta délivrance ;
Noël ! Noël ! chantons le Rédempteur ! (*bis*).

NOTRE DIVIN MAITRE

Refrain

Notre divin Maître,
Pour nous vient de naître:
Rassemblons-nous,
Volons à ses genoux.
Aux hymnes des anges,
Mêlons nos louanges ;
De nos concerts
Remplissons l'univers.

1
Tendre victime,
Sauveur magnanime,
Il vient, de tout crime,
Laver les pécheurs.
Mais les prémices
De ces dons propices
Et de ses faveurs
Sont pour les pasteurs.

2
Oh! qu'il est puissant,
Auguste, adorable!
Mais qu'il est affable,
Humain, doux, aimable,
Ce Dieu fait enfant.
Qu'il est beau, qu'il est
[grand!
Qu'il est bienfaisant!
Oh! qu'il est charmant!

3
A ce Dieu qui vous aime,
Venez sans frayeur;

Vos agneaux même
N'ont point sa douceur.
La timide innocence,
La simple candeur,
L'humble indigence,
Plaisent à son cœur.

4
Pour être à vous sembla-
[ble,
Il naît dans une étable;
Il habite un hameau,
Une crèche est son ber-
[ceau.
A vous que tout s'unisse,
Que dans ce saint jour
Tout retentisse
De vos chants d'amour.
Pour lui, musette tendre,
Haut-bois, chalumeaux,
Ah! faites entendre
Vos sons les plus beaux.

POUR LUI MUSETTE TENDRE

1
Pour lui, musette tendre,
Haut-bois et chalumeaux.
Pour lui, faites entendre
Vos sons les plus beaux.

2
Le lis de la campagne,
Le Liban gracieux,

Près de notre montagne,
N'a rien qui brille aux
[yeux.

3
Le Carmel, auprès d'elle,
Abaisse sa fierté;
Sion sera plus belle
Que ce mont si vanté.

4

Faibles, prenez courage ;
Pauvres, soyez joyeux ;
Dieu même vous soulage,
Il vient pour vous des
[cieux.

5

Unissons nos hommages,
Nos chants mélodieux,
Aux saints concerts des
[anges ;
Chantons le Roi des
[cieux.

D'UN DIEU, CÉLÉBREZ LA NAISSANCE

1

D'un Dieu, célébrez la naissance,
Bergers, par les plus doux accords,
Et que votre reconnaissance
Éclate par de saints transports (*bis*).

2

Sous l'humble voile de l'enfance,
Un Dieu cache sa majesté ;
Il semble oublier sa puissance
Pour ne songer qu'à sa bonté (*bis*).

3

L'aimable et tranquille innocence,
De sa naissance est l'heureux fruit ;
La paix renaît à sa présence,
L'enfer se tait, le crime fuit (*bis*).

4

Né dans le sein de l'indigence,
Du pauvre il veut être l'appui :
Il vous donne la préférence,
Bergers, sur les rois, aujourd'hui (*bis*).

5

Il créa le ciel et la terre,
Son palais est dans un hameau,

Du Dieu qui lance le tonnerre,
Une humble crèche est le berceau (*bis*).

6

Volez, des voûtes éternelles,
Volez vers son obscur séjour ;
Venez le couvrir de vos ailes,
Anges qu'embrase son amour (*bis*).

7

Qu'à son nom tout genou fléchisse,
Sur la terre, au ciel, aux enfers ;
Que toute langue le bénisse :
Jésus vient sauver l'univers (*bis*).

O CŒUR DU PLUS TENDRE MAITRE

I

O cœur du plus tendre maître,
Comment louer tes grandeurs?
Hélas ! comment reconnaître
Tes innombrables faveurs ?
De ce divin sanctuaire,
Qui nous dira les attraits ?
O ciel ! dévoile à la terre
Le plus doux de tes secrets !　　} *bis.*

2

De ce cœur, dans le silence,
Ah ! recueillons les leçons ;
Que notre extrême indigence
Goûte le prix de ses dons.
A cette école si chère,
Allons puiser les vertus.
O ciel ! obtiens à la terre
D'imiter le doux Jésus !　　} *bis.*

3

Sous ces parvis tous aimables,
Le Dieu sauveur, chaque jour,
Montre aux justes, aux coupables,
La force de son amour.
Le cœur de ce tendre père
N'offre que paix et pardon.
O ciel ! apprends à la terre
A bénir ce Dieu si bon !   } *bis.*

4

O cœur, amour, espérance,
Entends, exauce nos vœux ;
Rends à notre chère France
L'humble foi de ses aïeux.
Bannis les haines, la guerre ;
Règne sur nous à jamais.
Que le ciel sur notre terre
Déverse sa douce paix.   } *bis.*

LE CŒUR DE JÉSUS EST LA !

1

Sous l'abri du Scapulaire,
Jésus m'offre dans son Cœur,
Une égide tutélaire
Qui rendra le mien vainqueur.
Déjà, comme une conquête,
L'ennemi me signala.
Antique serpent, *Arrête !*
Le Cœur de Jésus est là (*bis*).

Refrain

En vain tu lèves la tête,
Satan maudit, halte-là !
Le Ciel nous protège !... *Arrête !*
Le Cœur de Jésus est là ! (bis).

2

Dans mon cœur, que ton audace
Croit avoir déjà saisi,
Viendrais-tu prendre la place
De ce Roi que j'ai choisi ?...
Pour assurer ta défaite,
Sais-tu qu'un Dieu s'immola ?
Esprit de mensonge... *Arrête !*
Le Cœur de Jésus est là ! (bis).

3

Il est là quand je sommeille,
Mon céleste et doux gardien ;
A son Cœur, qui toujours veille,
Pourrais-tu ravir le mien ?
Ton souffle est une tempête
Que nulle autre n'égala ;
Mais un Dieu me garde... *Arrête !*
Le Cœur de Jésus est là ! (bis).

4

Ne crois pas de notre France
Triompher par un combat ;
Elle a mis son espérance
En celui que rien n'abat,
N'opposant qu'une houlette
A la lance d'Attila,
Elle a su te vaincre... *Arrête !*
Le Cœur de Jésus est là !

DE NOTRE FRANCE ÉPERDUE ET LASSÉE

I

De notre France, éperdue et lassée,
Vous pouvez seul apaiser la douleur ;
Ouvrez, Seigneur, à la pauvre blessée,
Dieu de Clotilde, ouvrez-lui votre cœur !

Refrain

Cœur de Jésus, notre espérance !
Cœur de Jésus, sauvez la France !

2

Comme autrefois Ephraïm, infidèle
A votre amour trop souvent méconnu,
Elle a senti que vous étiez loin d'elle,
Lorsqu'à sa voix nul secours n'est venu.

3

Pardon, Seigneur ! Que ce cri de notre âme
Rappelle en nous la foi des anciens jours.
Grâce, ô Jésus, Marie est notre Dame,
Et votre Cœur notre unique secours !

4

Vous entendez la voix qui vous implore ;
L'enfant prodigue est déjà dans vos bras.
Vous nous aimez ! vous nous aimez encore !
Et vos enfants ne sont plus des ingrats !

5

Nos étendards n'auront qu'une devise,
Le chant guerrier sera l'acte de foi :
« Vivent Jésus et la France et l'Eglise !
Vivent Marie et le Pontife-Roi ! »

6

Reviens à Lui ! Ton Dieu, noble patrie,
Te rendra tout, s'il te rend son amour.
Relève-toi, royaume de Marie,
Sois désormais à Jésus sans retour !

PITIÉ, MON DIEU !

Refrain
Dieu de clémence,
Dieu protecteur,
Sauvez Rome et la France
Au nom du Sacré-Cœur !

I

Pitié, mon Dieu ! c'est pour notre Patrie
Que nous prions au pied de cet autel ;
Les bras liés et la face meurtrie,
Elle a porté ses regards vers le Ciel !

2

Pitié, mon Dieu ! sur un nouveau Calvaire
Gémit le Chef de votre Eglise en pleurs ;
Glorifiez le successeur de Pierre
Par un triomphe égal à ses douleurs.

3

Pitié, mon Dieu ! la Vierge Immaculée
N'a pas en vain fait entendre sa voix ;
Sur notre terre ingrate et désolée,
Les fleurs du ciel croîtront comme autrefois.

4

Pitié, mon Dieu ! pour tant d'hommes fragiles,
Vous outrageant sans savoir ce qu'ils font ;
Faites renaître, en traits indélébiles,
Le sceau du Christ imprimé sur leur front.

5

Pitié, mon Dieu ! trop faibles sont nos âmes,
Pour désarmer votre juste courroux ;
Embrasez-les de généreuses flammes,
Et rendez-les moins indignes de vous.

6

Pitié, mon Dieu ! Si votre main châtie
Un peuple ingrat qui semble la braver,
Elle commande à la mort, à la vie :
Par un miracle, elle peut nous sauver.

O MON BON JÉSUS

Refrain

O mon bon Jésus ! ô mon cher amour !
Régnez dans mon cœur la nuit et le jour.

1

O mon bon Jésus ! mon âme vous désire ;
Du fond de mon cœur, après vous je soupire.

2

O mon bon Jésus ! époux des chastes âmes,
Embrasez mon cœur de vos divines flammes.

3

Bienheureux Martyrs, que je vous porte envie
D'avoir pour Jésus immolé votre vie !

4

Quand s'accomplira le bonheur où j'aspire
De pouvoir souffrir pour mon Dieu le martyre ?

5

Si je n'atteins pas à ce bonheur extrême,
Pour le moins, Seigneur, que je meure en moi-même.

6

Car mourir à soi, c'est commencer à vivre,
Et le vrai moyen, mon Jésus, de vous suivre.

7

Quand viendra le jour, qu'accompagné des Anges,
Nous vous donnerons mille et mille louanges ?

8

Aimons tous Jésus, et que chacun s'écrie :
Vivent à jamais et Jésus et Marie !

O MON BON JÉSUS

Refrain

Venez, mon Jésus,
Jésus mon époux,
Mon cœur est à vous,
Est à vous sans retour (*bis*).

1

O mon bon Jésus,
Mon âme vous désire ;
Du fond de mon cœur,
Après vous je soupire.

2

Vous m'avez percé
D'un trait de vive flamme,
Vous m'avez blessé
Jusques au fond de l'âme.

3

Venez me guérir,
Médecin charitable ;
Venez me nourrir,
Aliment adorable.

4

Mais, hélas ! Seigneur,
Pour un pécheur insigne,
C'est trop de bonheur
Et je n'en suis pas digne.

5

A vos saintes lois
Trop longtemps infidèle,
Ah ! combien de fois
Ne fus-je pas rebelle ?

6

Je veux désormais
Vous recevoir avec zèle,
Et je vous promets
D'être toujours fidèle.

AUTRE

1

Voici le jour et le moment suprême
Où mon Sauveur vient se donner à moi.
La douce paix fait place au trouble extrême,
Et dans mon cœur se ranime la foi.

Refrain

Viens, ô Jésus, ma joie et mes délices,
Te posséder, voilà mon seul désir;
Du paradis je goûte les prémices.
Voici Jésus : ô joie, ô doux plaisir !

2

Depuis longtemps mon âme languissante,
N'aspirait plus qu'au bonheur de ce jour.
Mon cœur brûlait, se mourait dans l'attente,
Et soupirait après ce pain d'amour.

3

Pour mon enfance, oh ! quelle est ta tendresse !
Loin de punir mes horribles forfaits,
Sur moi, Seigneur, ton cœur répand sans cesse
Des flots de grâce, un torrent de bienfaits.

4

Moi j'ai connu ta douceur, ô bon Maître,
Moi j'ai trouvé le bonheur près de toi;
Rempli de toi, je viens te reconnaître
Et te choisir pour mon maître et mon roi.

5

De mon Jésus je connais la tendresse;
Oui, je le sais, il attend mon retour.
Sa douce voix me répète sans cesse :
Viens, ô mon fils, tu verras mon amour.

AUX SAINTS COMBATS, LE SEIGNEUR NOUS APPELLE

Refrain

Aux saints combats, le Seigneur nous appelle,
Enfants chrétiens, soyons tous pleins d'ardeur;
N'oublions pas qu'une gloire immortelle
Est le partage et le prix du vainqueur.

I

Cruel Satan, nous méprisons ta haine;
Forts désormais de la force de Dieu,
Après avoir brisé ta lourde chaîne,
Nous te disons un éternel adieu.

2

Monde pervers, ta voix enchanteresse
Ne pourra point amollir notre cœur.
Ah! loin de nous ta joie et ton ivresse,
Dieu seul, Dieu seul fera notre bonheur.

3

O bon Jésus! ô divine Marie!
Nous implorons votre puissant secours;
Du haut des cieux, notre mère-patrie,
Dans le combat protégez-nous toujours.

LES SEPT DONS DU SAINT-ESPRIT

Sagesse

Du bonheur on parle sans cesse,
Mais où se trouvent les heureux?
Les hommes prêchent la sagesse,
Mais la sagesse fuit loin d'eux.

Sûr du bonheur quand on est sage,
Je veux aussi le devenir :
Avoir la sagesse en partage,   ) *bis.*
C'est aimer Dieu, c'est le servir.)

SCIENCE

Connaître Dieu, se bien connaître,
Voilà tout ce qu'il faut savoir ;
De ses penchants on devient maître,
On est esclave du devoir ;
Ayons tous cette connaissance,
Elle est pour nous le plus grand bien ;
Quand on n'a pas cette science,) *bis.*
En sachant tout, on ne sait rien,)

INTELLIGENCE

Don précieux d'intelligence,
Accompagnez toujours ma foi ;
Je n'ai besoin d'autre science
Que de bien comprendre la loi.
Cette loi, si pure et si sainte,
Mille fois heureux qui la suit !
O loi ! que dans mon cœur, empreinte,) *bis.*
Je te médite jour et nuit !)

CONSEIL

Esprit Saint, j'ignore la route
Qu'il faut suivre pour me sauver :
Souvent je balance et je doute,
Je marche et ne puis arriver.
Sans cesse l'ennemi m'assiège,
La crainte agite mon sommeil ;
De tous côtés ce n'est que piège :) *bis.*
Esprit Saint, soyez mon conseil.)

Piété

O piété! quels sont tes charmes!
Tu remplis seule nos désirs;
Par toi nous sont douces nos larmes,
Et nos devoirs font nos plaisirs.
C'est par ton pouvoir ineffable
Que la vertu nous sait charmer :
Puisque tu nous rends tout aimable,) *bis.*
Comment peut-on ne pas t'aimer?   )

Force

Divin Esprit, Esprit de force,
Je ne veux d'autre appui que toi :
Qu'il règne un éternel divorce
Entre tes ennemis et moi!
Des monstres cherchent à m'abattre,
Je veux par toi les étouffer;
Le monde vient pour me combattre,) *bis.*
Par toi, je veux en triompher.   )

Crainte de Dieu

Seigneur, votre volonté sainte
Est souvent pour nous sans appas;
Juste, vous inspirez la crainte,
Et souvent on ne vous craint pas.
On craint le monde, on est à plaindre,
Que peut-il pour ou contre nous?
Grand Dieu! que j'apprenne à vous) *bis.*
A ne craindre même que vous! [craindre,)

CANTIQUE A MARIE
Mère de Dieu et la nôtre

I

Mère de Dieu, mais aussi notre mère,
Du haut du ciel, séjour du vrai bonheur,

Priez pour nous, exilés sur la terre,
Priez Jésus, notre frère et Sauveur.

Refrain

Louange, honneur à la Vierge Marie;
En ce beau mois (jour) célébrons ses grandeurs;
Chantons le nom d'une mère chérie,
Consacrons-lui nos esprits et nos cœurs.

2

Astre des mers, sur l'océan du monde,
Vers vous toujours nous fixerons les yeux;
Calmez les vents et les fureurs de l'onde,
Dirigez-nous vers les rives des cieux.

3

Mais si parfois la tempête et l'orage,
Au sein des flots nous jetaient consternés,
Ah ! sauvez-nous, oui, sauvez du naufrage
Tous vos enfants devant vous prosternés.

4

Mère de Dieu, vous serez notre reine;
Toujours, partout, fiers de votre regard,
Malgré l'enfer, en dépit de sa haine,
Nous défendrons votre noble étendard.

5

Mère de Dieu, lorsque notre paupière
Se fermera pour la dernière fois,
Surtout alors montrez-vous notre Mère,
Plaidez pour nous auprès du Roi des rois.

RÉUNISSONS NOS VOIX

Refrain

Réunissons nos voix
Pour chanter tous à la fois;

Réunissons nos voix
Pour chanter le plus beau mois.

1

Ce mois, de notre vie,
La plus belle saison,
S'appelle, avec raison,
Le beau mois de Marie.

2

Dans ce mois, la nature
Se pare de ses fleurs ;
La vertu, de nos cœurs
Doit faire la parure.

3

Des oiseaux l'harmonie
Qui réjouit ces bois,
Semble inviter nos voix
A célébrer Marie.

4

Entourons son image,
Des fleurs de nos hameaux ;
Des verdoyants rameaux,
Offrons-lui le feuillage.

5

Pour honorer Marie,
C'est trop peu de nos fleurs ;
Unissons-y nos cœurs :
C'est le don qu'elle envie.

A L'IMMACULÉE CONCEPTION

Refrain

Ave, ave, ave Maria,
Ave, ave Immaculata.

1

Je crois que Marie,
Miroir virginal,
Ne fut point flétrie
Du souffle infernal.

2

La tache transmise,
D'Eve au genre humain,
S'arrêta, soumise,
Au décret divin.

3

Ma fille va naître,
Se dit l'Eternel;
Mais pourrait-elle être
Indigne du ciel?

4

Dès l'heure première,
Lui dit Dieu le Fils;
Corps saint de ma mère,
Sois blanc comme un lis.

5

Voici mon Epouse,
Dit le Saint-Esprit;

Que ma main jalouse
L'arrache au Maudit!

6

La terre souillée
Vous reçut alors,
Toute immaculée
Dans l'âme et le corps.

7

Reine de clémence,
Donnez au pécheur,
Avec l'espérance,
La santé du cœur.

8

Et donnez, Marie,
La santé du corps
Au faible qui prie
D'un cœur sans remords

9

Au Pape, à la France
Faites d'heureux jours;
Que votre assistance
Les couvre toujours.

AU CŒUR IMMACULÉ DE MARIE

Refrain

En ce jour, ô Cœur si doux!
Cœur de la Vierge immaculée,
En ce jour, ô Cœur si doux!
Vois! la France est à genoux.

1 (*dolce*)
L'entends-tu, plaintive?
O Vierge! elle arrive
Jusqu'à ce rocher,
Où, vers une enfant naïve,
Ton amour vint se pencher.

2
« Je serai, dit-elle,
O Vierge immortelle (*bis*)
A toi désormais.
Je te resterai fidèle,
Et fidèle pour jamais!

3
« Que sa main sans tache
A Dieu me rattache (*bis*)
Comme au seul bonheur;
Et que le monde entier sache
Que la France est au Seigneur!

4
« Je veux, d'âge en âge,
Aimer davantage (*bis*)
Le Cœur de Jésus;
Et puiser tout mon courage
A la source des vertus.

5
« De l'auguste Père
Dont Dieu fit sur terre (*bis*)
Le plus grand des rois,
Nul, mieux que moi, je l'espère,
Ne saura venger les droits.

6
« Vierge immaculée,
Lys de la vallée (*bis*)

Si pur et si beau,
Ton parfum m'a rappelée
Des ténèbres du tombeau.

7

« Que ton bras soutienne
La France chrétienne (*bis*)
Qui vivra par toi ;
Ma grandeur sera la tienne,
Car tu régneras sur moi ! »

8

« Près de cette roche
J'entends le reproche (*bis*)
De ma vieille foi ;
Mais je sens aussi l'approche
De jours plus heureux pour moi. »

PRIÈRE DE PIE IX

Refrain

O Marie, conçue sans péché,
Regardez la France,
Priez pour la France ;
Sauvez la France (*bis*).

1

Plus elle est coupable
Plus elle a besoin de votre intercession. } *bis.*

2

O Jésus, obéissant à Marie,
Sauvez la France. } *bis.*

3

Un mot à Jésus reposant dans vos bras
Et la France est sauvée ! } *bis.*

VIERGE DE LOURDES

Refrain

Vierge de Lourdes, ô fleur immaculée,
Qui me souris en ce modeste lieu,
Tu fais l'espoir de mon âme exilée.
Salut, salut, ô mère de mon Dieu (*bis*).

I

Quelle faveur, ô ma chère France,
D'avoir reçu cette perle des cieux !
C'est ton beau lis, c'est la fleur d'espérance,
Qui te sourit en embaumant ces lieux.

2

France, c'est toi que visite Marie,
A toi toujours elle montre son cœur ;
Entends sa voix, ta mère t'en supplie,
Reviens à Dieu, c'est là qu'est ta grandeur.

3

Reviens à Dieu, France si malheureuse,
Reviens à Dieu, rends-lui tout ton amour.
Reviens à Dieu, tu seras bienheureuse ;
Reviens à Dieu, ne tarde plus un jour.

4

O lis sans tache, embaume enfin nos âmes !
Rends-nous enfin la paix et le bonheur.
Du noir enfer brise toutes les trames ;
Sauve la France et calme notre cœur.

5

O noble France, ô fille de Marie,
Non, tu le sais, non, tu ne peux périr ;
Non, ne crains plus Satan ni sa furie ;
L'heure a sonné, le ciel va te bénir.

6

Oui, Dieu le veut, va délivrer ton Père;
Il est captif, va, vole à son secours!
Rome t'attend, en toi seule elle espère,
Défends sa cause, et tu vaincras toujours.

A NOTRE-DAME DE LOURDES

1

Un saint transport, dans mon âme ravie,
Descend du ciel et m'enchaîne en ces lieux;
Salut à toi, Mère aimable, ô Marie!
Dont la bonté se dévoile à nos yeux.

Refrain

Vierge de Lourdes, en ton doux sanctuaire,
Vois aujourd'hui tes enfants à genoux :
En cet exil montre-toi notre Mère,   (*bis.*
Et puis, un jour, au Ciel emmène-nous. (

2

Tu viens des cieux à mon âme exilée,
Et l'églantier abrite ton séjour;
Gloire à ton nom, divine Immaculée!
Ici mon cœur te trouvera toujours.

3

Comme le lis, honneur de la vallée,
Charme nos yeux par sa chaste blancheur,
Ainsi tu fus, ô Vierge Immaculée!
Pure et sans tache aux regards du Seigneur.

4

Ton premier pas, pour nous, fut la victoire,
Ton pied foula le dragon infernal;
Et sa fureur ne put ternir ta gloire :
Tu l'enchaînas à ton char triomphal.

5

Dans nos malheurs, ô Reine de la France !
Ah ! que Satan ne nous domine plus !
De jours meilleurs donne-nous l'espérance,
Et nous vaincrons par le Cœur de Jésus.

6

Protège-nous, puissante Immaculée ;
Vois, de Sion, les larmes, les douleurs ;
L'enfer s'irrite, horrible est la mêlée ;
Reviens à nous, reviens tarir nos pleurs.

7

Reine de France, enfante des miracles,
Et, pour gagner l'univers à la foi,
Viens renverser sous nos pas les obstacles,
Par nous d'abord rendre Rome à son Roi !...

8

Reine de France, ô Mère, ô Notre-Dame !
De tes enfants inondés de bienfaits,
Entends les vœux, et, sur leur cœur, leur âme,
Avec Jésus viens régner à jamais.

9

En t'implorant, Vierge, ma bonne Mère,
Je me prosterne à genoux devant Toi !
Vois mes soupirs, écoute ma prière,
Et, dans ce jour, Marie, exauce-moi !

10

L'air est si pur sous ta voûte embaumée,
Le ciel si doux ! ici garde nos cœurs...
Rocher, adieu ! coule, fontaine aimée,
Coule, et toujours apaise nos douleurs.

I I

Eh ! que me font les plus lointains rivages,
Puisque avec Toi tu garderas mon cœur ?
Mère ! partout, contre les noirs orages,
M'abritera ton rocher protecteur !

NOTRE-DAME DE LOURDES

Refrain

L'Esprit du Seigneur m'accompagne,
Pour chanter la Reine du ciel ;
Notre-Dame de la montagne,
Descend aux grottes d'Israël ! { *bis.*

1

O jour d'éternelle mémoire,
Où Marie, au sol des vivants,
A Lourdes, a montré sa gloire,
A la simple fille des champs !

2

Dans le religieux mystère
De nos rochers, de nos vallons,
Elle a, pour consoler la terre,
De ses pieds touché nos gazons.

3

Plus radieuse que l'aurore,
La douce Vierge Immaculée
Disparaît et vient encore,
Eblouissante de beauté.

4

Du plus beau lis de la vallée
Son vêtement a la blancheur ;
Au sein de la grotte isolée,
La Vierge prie pour les pécheurs.

5

Et, gage cher à la mémoire,
A la main de la Vision,
Un rosaire d'or et d'ivoire
Nomme la Reine de Sion.

6

Tout se recueille en sa présence;
Le Gave a retenu sa voix;
Le chœur des oiseaux fait silence
Dans les solitudes des bois.

7

C'est Notre-Dame bien-aimée,
Notre-Dame qui vient bénir
Notre terre toute embaumée
De son immortel souvenir.

8

O terre! ô France, ô ma patrie!
Plus de soupirs, plus de douleurs :
De tes maux la source est tarie,
Elle vient sécher tes pleurs.

PRIÈRE A MARIE

I

Vous nous voyez à vos genoux,
Mère, des mères la plus tendre;
Daignez intercéder pour nous,
Et de tout danger nous défendre.

Refrain

Ave, ave, ave, Maria,
Ave, ave, ave, Maria.

2

Nous attendons les doux bienfaits
De votre puissante prière,
Car Dieu ne repousse jamais
Les désirs du cœur de sa Mère. *Ref.*

3

N'êtes-vous pas du genre humain
L'étoile et la douce espérance?
Jamais personne eut-il en vain
Recours à votre bienveillance? *Ref.*

4

Vierge Marie, ô notre amour,
A vos enfants daignez sourire :
Ils sont votre royale cour
Et ne se lassent pas de dire : *Ref.*

5

Guérissez les cœurs malheureux;
Donnez au malade qui souffre
La santé qu'appellent ses vœux;
Retirez le pécheur du gouffre. *Ref.*

6

Hâtez-vous d'amener la paix
Au sein de la France troublée;
Défendez contre tous les traits
L'Eglise, mère désolée. *Ref.*

7

Quand nous serons près de mourir,
Apaisez le Juge sévère;
Et que notre dernier soupir
S'exhale dans cette prière. *Ref.*

VIERGE MARIE

Refrain

Vierge Marie,
Daigne sourire à tes enfants ;
Mère chérie,
Reçois nos chants.
Ah ! nous te consacrons les jours de notre vie,
Daigne en bénir tous les instants ;
Et, d'âge en âge,
Pour toi nos vœux, toujours croissants,
Seront le gage
De nos serments.

1

T'aimer sans cesse,
Auguste Reine de nos cœurs,
Avec ivresse,
Quelle douceur !
Tu souris à nos vœux, ce signe de tendresse
Bannit la crainte et la douleur ;
Il est le gage
De ton amour pour le pécheur,
Et le présage
De son bonheur.

2

Mère chérie,
Toi que mon cœur aime toujours,
Viens, ô Marie !
A mon secours ;
C'est toi qui protégea l'aurore de ma vie.
Je t'en dois les plus heureux jours.

De mon jeune âge
Conserve-moi les sentiments ;
Sois le partage
De tes enfants.

3

En vain le monde
Prétend me ranger sous sa loi ;
Malgré le monde,
Je suis à toi.
Oui, c'est sur ton appui que mon espoir se fonde ;
O tendre mère ! soutiens-moi ;
Toujours fidèle,
A toi seule mon cœur sera,
Et, sous ton aile,
Reposera.

INVITATION A CHANTER LES BIENFAITS DE MARIE

1

Trop heureux enfants de Marie,
Venez entourer ses autels ;
Venez, d'une Mère chérie,
Chanter les bienfaits immortels.

Refrain

Trop heureux enfants de Marie,
Allons entourer ses autels ;
Allons, d'une mère chérie,
Chanter les bienfaits immortels.

2

Vierge, quel éclat t'environne
Au brillant séjour des élus !
Le Très-Haut lui-même y couronne
En toi la Reine des vertus.

3

Contre la timide innocence,
L'enfer, le monde conjurés,
Veulent ravir à ta puissance
Des cœurs qui te sont consacrés.

4

Du sein de la gloire éternelle,
Ma mère anime mon ardeur ;
Si mon cœur lui reste fidèle,
Par elle je serai vainqueur.

5

Doux appui de notre espérance,
O Mère de grâce et d'amour !
Heureux qui, dès sa tendre enfance,
A toi s'est voué sans retour !

AU PIED DE L'AUTEL

I

Au pied de l'autel,
Allons prier notre Mère ;
Au pied de l'autel,
La Reine du Ciel
Ne méprisera pas notre prière (*bis*).
Oui, c'est à vous toujours } *bis.*
Que nous aurons recours, }
Sans cesse en péril { *bis.*
Dans ce triste exil. {

Refrain
Douce Marie,
Mère chérie,
Daignez toujours, toujours nous secourir,
Daignez toujours nous secourir (*bis*).

2

Dans notre enfance,
Toute innocence
Se trouve en danger de périr (*bis*).

EN CE JOUR

Refrain

En ce jour,
O bonne
Madone,
Je te donne
Mon amour.

1

Jour et nuit,
La terre
Entière,
Tendre mère,
Te bénit.

2

Pour toujours
Mon âme
S'enflamme
Et réclame
Ton secours.

3

Si mon cœur,
O Mère
Si chère,
Peut te plaire,
Quel bonheur!

4

Par ton nom,
J'implore
Encore,
De l'aurore,
Un rayon.

5

O pécheur!
La bonne
Madone
Te pardonne
De bon cœur.

6

Donne-moi,
Marie
Chérie,
Pour la vie,
D'être à toi.

7

Qu'à jamais,
Mon âme
S'enflamme
Et proclame
Tes bienfaits!

8

Ta douceur
Efface,
Remplace
Et surpasse
Tout bonheur.

9

En ton nom,
J'espère
Lumière,
Tendre mère,
Et pardon.

10

Nuit et jour,
Ma lyre
Soupire,
Pour te dire
Mon amour.

11

A la mort,
Qui prie
Marie,
Plein de vie,
Entre au port.

O TOI, MÈRE CHÉRIE !

1

O Toi, Mère chérie !
Qui nous aimas toujours,
Pitié pour la Patrie
En ces funestes jours !

Refrain

Vierge, notre Espérance !
Etends sur nous ton bras;
Sauve, sauve la France,
Ne l'abandonne pas (*bis*).

2

Vois comme dans la France
On ne peut t'oublier;
Comme avec confiance
On aime à te prier.

3

Souviens-toi que la France,
En tes aimables mains,

Aux jours de sa puissance,
A remis ses destins.

4

Il est vrai que la France
A courroucé le Ciel !
Mais pour sa délivrance,
Vois-nous à ton autel !

5

Nous t'en prions, Marie !
Désarme le Seigneur ;
Pitié pour la Patrie
Qui t'a donné son cœur.

6

Rome, cité chérie,
N'espère plus qu'en toi ;
Par nous, sauve, Marie !
Le grand Pontife-Roi.

7

Des maux de la Patrie
Arrête enfin le cours ;
Et nous serons, Marie,
Tes vrais enfants toujours !

TOUT ENIVRÉ D'UNE GLOIRE ÉPHÉMÈRE

Refrain
Dieu de clémence,
Vois nos douleurs,
Sauve, sauve la France,
Exauce enfin nos pleurs !

1

Tout enivré d'une gloire éphémère,
Peuple aveuglé, nous blasphémions ta loi.

Faut-il encor le fracas du tonnerre
Pour réveiller le cri de notre foi?

2

Dans l'ouragan, la lueur d'une étoile
Rend au pilote et la force et l'espoir;
Elle a paru, brillante sous son voile,
L'étoile d'or, au milieu d'un ciel noir.

3

Quel est ton nom, Astre dont la lumière
Vient resplendir sur nos sommets tremblants?
C'est le salut qu'elle apporte à la terre;
C'est le salut pour les cœurs pénitents.

4

Son nom béni, c'est le nom d'une mère;
C'est la bonté qui s'incline vers nous.
« Priez, enfants! » dit-elle, « la prière
Peut apaiser le céleste courroux. »

5

« Enfants, priez! Voyez pleurer vos mères!
Pleurez aussi : Vos pères ont péché.
Ah! que vos cris, que vos larmes amères
Montent vers Dieu! son cœur sera touché. »

6

Douce Marie, ô Mère secourable,
Auguste Reine, ayez pitié de nous!
Ayez pitié de la France coupable!
Priez pour nous, qui recourons à vous.

MÈRE DE DIEU, C'EST POUR NOTRE PATRIE

1

Mère de Dieu, c'est pour notre patrie,
Que nous prions au pied de cet autel,

Tous les Français sont enfants de Marie,
Tous leurs soupirs font écho dans le ciel.

Refrain

Mère admirable,
Priez pour nous.
La France fut coupable,   } *bis.*
Mais elle est à genoux.

2

Reine du Ciel, Mère de l'espérance,
Vous, que jamais on n'a priée en vain,
Vous, à qui Dieu donne toute puissance,
Soyez propice au vœu du pèlerin.

3

Comme un mourant qui s'attache à la vie,
La France est là sous votre œil maternel ;
Les bras sans force et la face meurtrie,
Elle a porté ses regards vers le ciel.

4

Dans l'ouragan, la lueur d'une étoile
Rend au pilote et la force et l'espoir,
Elle a paru brillante sous son voile
L'étoile d'or au milieu d'un ciel noir.

5

Quel est ton nom, Astre dont la lumière
Vient resplendir sur nos sommets tremblants ?
C'est le salut qu'elle apporte à la terre,
C'est le salut pour les cœurs pénitents.

6

Son nom béni, c'est le nom d'une mère ;
C'est la bonté qui s'incline vers nous.
« Priez, enfants, » dit-elle, « la prière
Peut tout sauver du céleste courroux. »

7

Douce Marie, ô mère secourable,
Auguste Reine, ayez pitié de nous !
Ayez pitié de la France coupable !
Priez pour nous qui recourons à vous.

8

Dites au Christ, qui voit trop de coupables,
Combien, hélas ! ne savent ce qu'ils font.
Dites qu'ils ont en traits ineffaçables
Le sceau du Christ imprimé sur leur front.

9

Priez, priez ! sur un nouveau Calvaire
Gémit le chef de votre Eglise en pleurs.
Glorifiez le successeur de Pierre
Par un triomphe égal à ses douleurs.

10

Hâtez le temps, ô mère débonnaire,
Le temps heureux où nous ne craindrons plus.
Nous vous prions par votre cœur de mère,
Nous vous prions par le cœur de Jésus.

ESPÉRANCE D'ISRAEL

1

Espérance d'Israël,
Conduisez-nous tous au ciel ;   *bis.*
Et, quand notre heure dernière
Viendra sonner pour toujours,
Accourez, ô tendre Mère,   *bis.*
Venez à notre secours.

2

Nous avons recours à vous,
Vierge Sainte, exaucez-nous.   *bis.*

O Sainte Consolatrice,
Ecartez nos ennemis ;
Soyez-nous toujours propice
Auprès de votre cher Fils.

} bis.

3

Nous célébrons vos bontés
Et vos libéralités ;

{ bis.

Vous êtes la Providence
Du pauvre et du malheureux ;
A vous, dans notre souffrance,
S'adresseront tous nos vœux,

} bis.

ASTRE PROPICE AU MARIN

Refrain

Astre propice au marin,
Conduis ma barque au rivage ;
Préserve-moi du naufrage,
Blanche étoile du matin.

1

Lorsque les flots en courroux
Viendront menacer ma tête,
Calme, calme la tempête ;
Rends pour moi les vents plus doux.

2

Combien d'écueils dangereux
Sur cette mer inconnue !
Découvre-les à ma vue,
Phare toujours lumineux.

3

Et si jamais, ô douleur !
Sombrait ma barque légère,
Que je puisse à ta lumière
Saisir un débri sauveur.

4

Quand viendra mon dernier jour,
Éclaire, étoile chérie,
Mon départ de cette vie
Pour un plus heureux séjour.

5

Là plus d'ennemis cruels,
Là plus de crainte possible ;
Mais un repos indicible
Dans ton cœur doux, maternel.

NOTRE-DAME, VEILLEZ SUR NOUS

1

Quand les flots battent la nacelle
Et menacent de l'engloutir,
Le marin, tremblant, vous appelle,
Et vous venez le secourir.
Comme lui, nous prions encore
Et nous tombons à vos genoux.
Votre famille vous implore :
Notre-Dame, veillez sur nous (*bis*).

2

La vie est si pleine d'orages,
Comment vos enfants pourraient-ils
Eviter sans vous les naufrages ?
Affronter sans vous les périls ?
Mais, sitôt que le ciel se voile,
Nous lèverons les yeux vers vous ;
Vous êtes notre bonne étoile :
Notre-Dame, veillez sur nous (*bis*).

3

Si quelquefois, sous la tempête,
Sous l'effort de l'onde et du vent,
Nous avons courbé notre tête,
Si nous sommes tombés souvent,
Nous comptons sur votre indulgence :
Le cœur d'une mère est si doux.
Soyez toujours notre espérance :
Notre-Dame, veillez sur nous (*bis*).

A NOTRE-DAME DES VICTOIRES

Refrain

Nos vœux d'amour et d'espérance,
Vierge, s'élèvent jusqu'à vous.
Priez, priez, pour l'Eglise et la France,
Priez pour nous, priez pour nous.

1

L'Eglise, partout désolée,
Attend votre puissant secours.
Marie, ô Vierge Immaculée,
Abrégez ces malheureux jours.

2

A la France, ô Vierge très pure !
Montrez Jésus, le Divin Roi ;
Lui seul peut guérir sa blessure,
Lui rendre sa grandeur, sa foi.

3

Veillez toujours sur le Saint-Père ;
Puissent ses maux bientôt finir ;
Ah ! rendez-lui, puissante Mère,
La liberté pour nous bénir.

4

Obtenez, pour notre patrie,
Des jours de bonheur et de paix;
Sur les Français, Vierge Marie,
Répandez vos plus doux bienfaits.

5

Nos aïeux vous l'ont consacrée,
C'est votre royaume ici-bas;
Entre vos mains, Vierge sacrée,
La France ne périra pas.

JE VEUX CÉLÉBRER PAR MES LOUANGES

I

Je veux célébrer, par mes louanges,
Les grandeurs de la Reine des cieux;
Et, m'unissant aux concerts des Anges,
Je m'engage (*bis*), je m'engage à chanter comme
[eux (*bis*).

2

Sur vos pas, ô divine Marie!
Plus heureux qu'à la suite des rois,
Dès ce jour, et pour toute ma vie,
Je m'engage à vivre sous vos lois.
Je m'engage, etc.

3

Si, du monde écoutant le langage,
Du plaisir j'ai suivi les attraits,
A me donner à vous sans partage
Je m'engage aujourd'hui pour jamais.
Je m'engage, etc.

4

Par un culte constant et sincère,
Par un vif et généreux amour,
A servir, à chérir une Mère,
Je m'engage aujourd'hui sans retour.
        Je m'engage, etc.

5

Mère sensible et compatissante,
Soutenez, au milieu des combats,
Les efforts d'une âme pénitente
Qui s'engage à marcher sur vos pas.
        Qui s'engage, etc.

6

Unissez vos voix, peuple fidèle,
Aux accords des Esprits bienheureux,
Pour chanter les louanges de Celle
Qui s'engage à combler tous nos vœux.
        Qui s'engage, etc.

AVE MARIA

Au ciel, les saints Anges,
En chœur glorieux,
Chantent vos louanges,
O Reine des Cieux !
Ave, ave, ave Maria ! (*bis*).

1

Mais nous, sur la terre,
Sommes vos enfants ;
Daignez, bonne Mère,
Agréer nos chants.
    Ave, ave.

2

Soyez l'espérance
Des pauvres pécheurs,
Pleins de repentance,
Pleurant leurs erreurs.
    Ave, ave.

3

Donnez assistance
Aux cœurs délaissés,
Et la patience
Aux pauvres blessés.
 Ave, ave.

4

Pensez au Calvaire,
A Jésus mourant;
Consolez la mère
Pleurant son enfant.
 Ave, ave.

5

Protégez sans cesse
L'enfant au berceau;
La faible vieillesse,
Au bord du tombeau.
 Ave, ave.

6

Montrez-vous propice
Au pauvre orphelin;
Soyez sa nourrice,
Trouvez-lui son pain.
 Ave, ave.

REINE DES CIEUX

Reine des cieux, ô divine Marie!
Qu'il nous est doux de chanter vos faveurs.
Heureux celui qui consacre sa vie
A vous bénir, à vous gagner des cœurs!
 Que de bienfaits!
Que de grâces touchantes vous répandez
 Sur vos enfants chéris!
Tous sont aimés; les âmes repentantes,
Vous les nommez vos fidèles amies.

O QUAND VIENDRA

Refrain

O quand viendra, ma tendre Mère,
Quand viendra-t-il ce beau jour,
Où, de l'exil de la terre,
Je volerai dans l'éternel séjour?
Quand viendra-t-il ce beau jour?

1

Vous qui régnez dans la patrie,
Souveraine auguste des cieux,
Entendez la voix qui vous prie ;
Voyez mon triste sort, et recevez mes vœux.

2

Pauvre exilé, d'amères larmes
Ont déjà sillonné mes traits ;
Du bonheur je cherche les charmes,
Mais, hélas ! c'est en vain, ils ont fui pour jamais !

3

O vous, dont l'aimable clémence,
Toujours sourit aux malheureux,
J'ai mis en vous mon espérance,
Sur moi, Reine du Ciel, sur moi jetez les yeux.

4

Hâtez, puissante Souveraine,
L'aurore qu'appellent mes vœux ;
Brisez, brisez la dure chaîne
Qui me retient captif loin de vous dans ces lieux.

5

Que dans vos bras, Mère chérie,
Je m'élance au gré de mon cœur ;
Vierge sainte, douce Marie,
Abrégez mon exil, finissez mon malheur.

6

Bientôt, sur ses rapides ailes,
Que l'Ange, exauçant mes désirs,
Me porte aux voûtes éternelles,
Pour vous voir à jamais, vous chanter, vous bénir.

J'IRAI LA VOIR UN JOUR

1

J'irai la voir un jour !
Au ciel dans la patrie,
Oui, j'irai voir Marie,
Ma joie et mon amour !

Refrain
Au ciel (*bis*), j'irai la voir un jour (*bis*).

2

J'irai la voir un jour !
C'est le cri d'espérance,
Qui guérit ma souffrance
Au terrestre séjour.

3

J'irai la voir un jour !
J'irai m'unir aux Anges,
Pour chanter ses louanges
Et pour former sa cour.

4

J'irai la voir un jour !
J'irai près de son trône,
Recevoir ma couronne
Et régner à mon tour.

5

J'irai la voir un jour !
Cette Vierge immortelle :
Bientôt j'irai près d'elle
Lui dire mon amour.

6

J'irai la voir un jour !
J'irai, loin de la terre,
Sur le cœur de ma Mère
Reposer sans retour.

JE LA VERRAI ! ! !

Refrain

Divine Marie,
J'ai l'espoir,
Au Ciel, ma patrie,
De te voir.

1

Je la verrai, cette Mère chérie ;
Ce doux espoir fait palpiter mon cœur.
Elle est si bonne et si tendre, Marie !
Un seul regard ferait tout mon bonheur.

2

Je fus toujours l'enfant de sa tendresse ;
Mais, plus je suis comblé de ses bienfaits,
Et plus j'éprouve en l'âme de tristesse ;
Je la chéris, je ne la vois jamais.

3

Je la chéris, je me plais à redire
Son nom si doux à chaque instant du jour ;
A chaque instant je me plais à l'écrire :
Je le répète et l'écris tour à tour.

4

Je vais cherchant son image fidèle ;
Mais nulle part je ne suis satisfait.
Ah ! dans mon cœur, ma mère est bien plus belle,
Et ce tableau lui-même est imparfait.

5

Combien encor durera son absence?
A chaque fête elle vient en ce lieu;
Mais sans la voir je suis en sa présence,
Et ce jour fuit! adieu, ma mère! adieu!

O MÈRE CHÉRIE

Refrain
O Mère chérie,
Place-moi
Un jour dans la patrie
Près de toi.

1

Je suis aimé de toi, Mère chérie,
Ce doux penser fait palpiter mon cœur;
C'est un parfum qui réjouit ma vie,
Et, dans l'exil, me donne le bonheur!

2

Quand viendra-t-il ce jour, Mère chérie,
Où je pourrai reposer sur ton cœur?
Je veux du moins, ô divine Marie,
Chanter ton nom pour calmer ma douleur.

3

Le voyageur, au nom de sa patrie,
Sentit toujours renaître sa vigueur;
Ton nom puissant, ô divine Marie,
A plus encor d'empire sur mon cœur.

4

Dans les ennuis, à mon âme flétrie,
Ton nom si cher rend le calme et la paix;
Dès qu'on t'implore, ô puissante Marie,
Le Ciel sourit et verse ses bienfaits.

5

Ce nom si doux pour un enfant qui prie,
Je le redis mille fois chaque jour;
Et, je le sens, ô divine Marie,
Ton œil sur moi repose avec amour.

A LA REINE DES CIEUX

1

O Marie! ô Reine des cieux!
Sur nous, daignez jeter les yeux;
Agréez nos chants et nos vœux (*bis*).
Nous invoquons votre puissance,
Soyez notre douce espérance.

Refrain

O Marie! ô Reine des cieux!
Sur vos enfants jetez les yeux.
O Marie! ô Reine des cieux!
O Marie! (*bis*),
Sur vos enfants jetez les yeux. (*bis*).

2

Obtenez de notre Sauveur
Qu'il s'empare de notre cœur;
Que toujours il en soit vainqueur (*bis*);
Que la sagesse et l'innocence
Régnent en nous par sa présence.

3

Faites qu'en marchant sur vos pas,
Vierge sainte, à notre trépas,
Nous soyons reçus dans vos bras (*bis*);
Rendez-nous Jésus favorable
A ce passage redoutable.

ADIEUX A MARIE

Refrain

En vous quittant, mère chérie,
Nous implorons votre secours ;
Sur vos enfants, douce Marie,
Veillez partout, veillez toujours.

1

Vous quittez donc mon sanctuaire,
O mes enfants, mes chers enfants, adieu ;
Partout je serai votre mère,
Vous trouverez mes autels en tous lieux.

2

Du haut des cieux je vous protège,
O mes enfants, mes enfants, pour toujours ;
De vos serments faits au collège
Souvenez-vous jusqu'à vos derniers jours.

3

Gardez pour moi votre innocence,
O mes enfants, mes enfants bien-aimés ;
D'un cœur impur, mon cœur s'offense :
Je veux des lis par la grâce embaumés.

4

Mais si jamais un souffle immonde,
O mes enfants, souille votre vertu,
Souvenez-vous qu'il est une onde
Où son éclat peut vous être rendu.

5

Aux pièges que l'enfer vous dresse,
O mes enfants, vous pouvez être pris ;
Mais, à l'heure de la détresse,
Rappelez-vous combien je vous chéris.

6

Si vous tombez dans quelque abîme,
O mes enfants, gardez-vous de rougir ;
Vous m'oublieriez au sein du crime,
Que mon amour ne vous oublierait pas.

7

Du scapulaire, arme sacrée,
O mes enfants, gardez-vous de rougir ;
Restez parés de ma livrée,
Dernier espoir de qui veut bien finir.

JOSEPH, ÉCOUTE

Refrain

Joseph, écoute,
Prends notre cœur,
Et, sur la route,
Sois l'Ange conducteur.

1

Bon Saint Joseph ! que Jésus et Marie
Ont, sur la terre, aimé d'un tendre amour,
Veille sur nous, leur famille chérie,
Guide nos pas vers la céleste cour.

2

Bon Saint Joseph ! que la Vierge sans tache
Eut pour gardien de sa virginité,
Préserve-nous de la honteuse attache
Où notre cœur perdrait sa pureté.

3

Bon Saint Joseph ! dont les mains innocentes
Ont tant de fois touché le doux Sauveur,
Conduis souvent nos âmes chancelantes
Au saint banquet, source de la ferveur.

4

Bon Saint Joseph! qué, tout petit encore,
L'Enfant Jésus caressa tendrement,
Obtiens de lui, quand notre foi l'adore,
Que notre cœur se consume en l'aimant.

5

Bon Saint Joseph! notre âme confiante
Espère en toi; ce n'est jamais en vain.
Entends des cieux notre voix suppliante;
Fais-la monter jusqu'à l'Enfant Divin.

6

Bon Saint Joseph! dont l'humble et noble vie
Est le miroir des plus nobles vertus,
Fais-nous mourir dans les bras de Marie,
Et, comme toi, bénis du bon Jésus.

GRAND SAINT JOSEPH

Refrain

Grand saint Joseph, en tout temps, en tout lieu,
Sauveur, appui de Jésus, de Marie,
Sauvez le Pape! guidez l'Arche de Dieu,
La sainte Eglise en larmes qui vous prie!

1

Comme Jésus, dont il est le Vicaire,
Le Pape-Roi doit régner à jamais :
Les rois, les grands, à ce roi débonnaire,
Comme à Jésus n'offrent que des forfaits.

2

Le Pape-Roi, par l'Onction féconde,
Sacre les rois, divinise leurs droits,
Les fait briller : vrai soleil pour le monde;
Heureux les grands qui respectent ses lois.

3

Dans tout État qui s'attaque à l'Église,
Contre ce Roc, comme contre un écueil,
Sceptre et couronne, avec bruit tout se brise.
Funeste fin du satanique orgueil.

4

Le lis divin qui pare votre sceptre,
Désigne à tous vos vertus, vos grandeurs :
Du crime armé, dissipez l'affreux spectre,
Gardez bien purs nos esprits et nos cœurs.

5

Jésus, Marie, ô Joseph ! en Egypte,
Loin du tyran, par vous sont mis en paix ;
A Nazareth, pour eux, comme à la crypte,
Des durs labeurs, vous subissez le faix.

6

Pie IX en fuite abordait à Gaëte,
Quittant son trône, hors des persécuteurs :
Dieu, par les Francs, remettait Rome en fête.
Du plus long règne, on revit les splendeurs.

7

L'hydre infernale attaque encore et darde !
Ecrasez-la, grand Patron défenseur !
Le Pape-Roi : Dieu vous le donne en garde,
Exaltez-le : à vous nouvel honneur !

8

Tous les Prélats présents au saint concile,
Ont postulé le droit à vos bontés :
Jésus, qui fut à votre voix docile,
Par Pie le Grand, nous en a tous dotés.

CANTIQUE A SAINT JOSEPH

Refrain

Gloire à Joseph, noble époux de Marie !
Honneur, amour au gardien de Jésus !
Comme les saints dans la cité chérie, | *bis.*
Chantons son nom, célébrons ses vertus. |

1

O Saint Joseph ! veillez sur notre enfance ;
Faites qu'en Dieu nous cherchions le bonheur.
Nous déposons notre frêle innocence
Entre vos mains, dans votre chaste cœur.

2

O Saint Joseph ! patron de la jeunesse,
Quand de ces lieux nous franchirons le seuil,
Ah ! soutenez, grand saint, notre faiblesse,
Guidez nos pas, sauvez-nous de l'écueil.

3

O Saint Joseph ! l'Eglise, notre mère,
Voit les méchants tramer de noirs complots ;
Contre sa loi s'arme toute la terre :
Nous périssons ! Joseph, parlez aux flots.

4

O Saint Joseph ! protégez notre France,
Que son drapeau soit toujours en honneur ;
Soldat de Dieu, que toujours sa vaillance
Repousse au loin les soldats de l'erreur !

5

O Saint Joseph ! lorsque notre paupière
Se fermera pour la dernière fois,
En souvenir de notre humble prière,
Plaidez pour nous auprès du Roi des rois.

DE L'AUGUSTE ÉPOUX DE MARIE

1

De l'auguste époux de Marie,
Chantons la gloire et les grandeurs ;
Elans enflammés de nos cœurs,
Montez vers lui dans la Patrie.

Refrain

Honneur, amour à saint Joseph,
Gardien de Jésus sur la terre,
Notre protecteur, notre chef.
A lui nos cœurs ; c'est notre père (*bis*).

2

Son front est ceint d'une couronne,
Symbole de sa royauté ;
Plein d'une noble majesté,
Au Ciel, il brille sur un trône.

3

La blancheur de son lis efface
Les purs rayons des séraphins ;
Le Seigneur, plus que tous les Saints,
L'emplit de puissance et de grâce.

4

Il est la douce Providence,
L'aimable patron du foyer ;
Dans la famille, il fait régner
La paix, le respect, l'innocence.

5

Invoquons-le dans la détresse,
Crions vers lui dans nos douleurs ;
Sa main saura sécher nos pleurs,
Car il nous aime avec tendresse.

6

Quand viendra notre heure dernière,
Si nous tremblons sur notre sort,
Saint patron de la bonne mort,
Il entendra notre prière.

GLOIRE A JOSEPH

Refrain

Gloire à Joseph !
Gloire au plus haut des cieux !
Tout à Jésus, tout à Marie,
Près d'eux il a passé sa vie ;
Il est mort, il est mort auprès d'eux.

Il était pauvre, alors que sur la terre
Il fut chargé de veiller sur Jésus ;
D'un Dieu fait homme il a nourri la mère ;
Joseph était si riche de vertus !
Simple artisan, il a connu la peine,
Et la sueur a coulé de son front :
O pauvres ouvriers, qui vivez dans la gêne,
Priez, priez Joseph : il est votre Patron.
O pauvres ouvriers, qui vivez dans la gêne,
Priez, priez Joseph : il est votre Patron.

Il était juste, et son âme fidèle
Obéissait à la loi du Seigneur.
Il était saint ; la foi, l'amour, le zèle,
De jour en jour faisaient monter son cœur ;
L'ange, témoin de ses progrès rapides,
N'ose espérer d'aimer Dieu comme lui.

Amis de la vertu, cœurs fervents, cœurs arides,
Priez, priez Joseph : il sera votre appui.
Amis de la vertu, cœurs fervents, cœurs arides,
Priez, priez Joseph : il sera votre appui.

3

Joseph est mort sous les yeux de Marie,
Joseph est mort dans les bras de Jésus ;
C'est lui qui doit, à la fin de la vie,
Nous obtenir la mort des vrais élus.
Dans la souffrance et dans la maladie,
Son nom suffit pour calmer la douleur.
O vous tous qui souffrez, au jour de l'agonie,
Priez, priez Joseph : c'est votre Protecteur.
O vous tous qui souffrez, au jour de l'agonie,
Priez, priez Joseph : c'est votre Protecteur.

4

O saint Joseph, entendez ma prière,
Ayez pitié de tous les malheureux :
De l'indigent qui souffre sur la terre,
De l'orphelin dont le père est aux cieux.
Ayez pitié de nos pauvres malades,
Ayez pitié de tant d'agonisants,
Conduisez-les vous-même aux célestes arcades,
Priez, priez pour eux : ils sont tous vos enfants.
Conduisez-les vous-même aux célestes arcades,
Priez, priez pour eux : ils sont tous vos enfants.

PATRONAGE DE SAINT JOSEPH

1

Soyez béni, car Dieu, sur cette terre
De votre toit voulut faire le sien ;
Il vous nomma du tendre nom de père,
De l'Enfant Dieu vous fûtes le soutien.

Refrain

Notre espérance
Repose en vous;
Montrez votre puissance,
Joseph, protégez-nous.

2

Contre Jésus, un tyran se déchaîne,
Et ses soldats versent des flots de sang;
Mais vous fuyez vers la plage lointaine;
L'enfer frémit, le crime est impuissant.

3

Saint Protecteur de l'Eglise naissante,
Veillez sur elle au milieu des combats;
A votre autel, la foule suppliante
Vient se presser; ne l'abandonnez pas.

4

Veillez, Joseph, sur le troupeau fidèle
Qui suit la voix de son divin Pasteur;
Priez aussi pour la brebis rebelle,
Détournez-la du sentier de l'erreur.

5

Nos pauvres cœurs sont poursuivis sans cesse
Par le démon et le monde en fureur;
Que pouvons-nous? Ah! dans notre détresse,
Soyez, Joseph, notre libérateur.

6

Comment lutter dans un monde perfide,
Où tout conspire à nous faire périr?
Sans votre appui, notre marche est timide;
Mais avec vous, le cœur peut-il faillir?

7

Comme Jésus aux jours de son enfance,
Pour nous guider, nous prenons vôtre main.
Dans le danger, soyez notre défense,
Et du salut montrez-nous le chemin.

8

A l'Enfant-Dieu vôtre travail assure
Le pain grossier qui le fera grandir.
Ce même Dieu donne à sa créature
Son corps sacré dont il veut la nourrir.

9

Obtenez-nous, à notre heure dernière,
D'être assistés par Marie et Jésus.
A leur amour, joignez votre prière,
Pour nous conduire au séjour des élus.

JÉSUS, JOSEPH ET MARIE

1

Jésus, Joseph et Marie :
  Quel tableau délicieux,
  Cette Famille bénie
  Présente aux regards pieux!

Refrain

O vous dont la gloire brille
D'un éclat si pur, si doux,
Auguste et sainte Famille,
Dans le ciel, priez pour nous.

2

  Quand un Dieu se manifeste,
  Quels sages enseignements :
  Jésus-Christ, humble et modeste,
  Vit soumis à ses parents.

3

Devant la Sainte Famille,
Restons en ravissement ;
De Jésus la grâce y brille
Sous un aspect si touchant !

4

Jésus, Joseph et Marie !
Aimons tous à méditer
Sur cette union chérie,
Afin de mieux l'imiter.

5

De la céleste patrie,
Au moment de notre mort,
Jésus, Joseph et Marie,
Daignez nous ouvrir le port.

SAINT MICHEL, VAINQUEUR DES ANGES

Refrain

Saint Michel, vainqueur des anges rebelles,
Défendez-nous dans nos combats ;
Nous couvrant de vos blanches ailes,
Guidez nos pas, guidez nos pas. } *bis.*

1

Contre nous l'ennemi s'élève
Venez, Archange glorieux ;
Armez-nous du céleste glaive
Qui vous rendit victorieux.

2

C'est à l'abri de votre armure
Que nos cœurs humbles et soumis
Garderont leur foi ferme et pure,
Malgré tant d'efforts ennemis.

3

De votre voix qui nous anime,
L'accent plein d'amour et de feu,
Du haut du ciel jusqu'à l'abîme
Redit : « Qui donc est comme Dieu ? »

4

A vous, les vains projets de l'homme
Ne causeront jamais d'effroi,
Et vous ferez triompher Rome,
Vous, l'Ange du Pontife-Roi.

5

Patron de la Ville Eternelle,
Gardez, Archange protecteur,
Et cette Eglise universelle,
Et son infaillible Docteur.

6

Prince des célestes milices,
Conduisez-nous, grand Saint Michel,
Jusqu'aux éternelles délices
Qui sont votre partage au ciel.

O SAINTS ANGES

1

Devant vous, esprits angéliques,
En chœur nous venons, à genoux,
Redire dans nos saints cantiques :
O Saints Anges, priez pour nous !

2

Vous qui brillez à la couronne
Du Dieu qui nous a créés tous,
Et dont l'éclat vous environne,
O Saints Anges, priez pour nous !

3

Vous, dont les lèvres enflammées
Répètent ce refrain si doux :
Saint, Saint, Saint, le Dieu des armées,
O Saints Anges, priez pour nous !

4

Vous que Jacob, fuyant son frère,
Dont il redoutait le courroux,
Vit sur l'échelle du mystère,
O Saints Anges, priez pour nous !

5

Vous qui sans cesse, au Dieu suprême,
Comme le parfum le plus doux,
Offrez les vœux du cœur qui l'aime,
O Saints Anges, priez pour nous !

6

Vous qui tressaillez d'allégresse
Lorsque Dieu, calmant son courroux,
Témoigne au pécheur sa tendresse,
O Saints Anges, priez pour nous !

7

Vous qui, chaque jour, de nos âmes
Combattez l'ennemi jaloux ;
Esprits d'amour, esprits de flammes,
O Saints Anges, priez pour nous !

8

Vous qui paraîtrez avec gloire
Quand Dieu viendra nous juger tous,
Vous qui chanterez sa victoire,
O Saints Anges, priez pour nous !

A SAINT LOUIS DE GONZAGUE

24 Juin

Refrain

Heureux enfants, accourez tous,
A Louis venez rendre hommage ;
De vos amis c'est le plus doux ;
Heureux enfants, accourez tous.
A son culte consacrez-vous,   *bis.*
Il est le patron de votre âge.

1

Astre brillant dès son matin,
Son lever n'a pas eu d'aurore :
Il fut toujours pur et serein.
Astre brillant dès son matin,
Bientôt il touche à son déclin,   *bis.*
Plus beau, plus radieux encore.

2

Pour lui tout n'est que vanité :
Il foule aux pieds le diadème ;
Jeunesse, esprit, talents, beauté,
Pour lui tout n'est que vanité.
Son unique félicité   *bis.*
Est de jouir du Dieu qu'il aime,

3

Montez au ciel, enfant d'amour,
Allez régner avec les Anges ;
Quittez ce terrestre séjour.
Montez au ciel, enfant d'amour ;
Que les mortels, en ce beau jour,   *bis.*
Célébrent partout vos louanges !

4

Aimable Saint, priez pour nous :
Obtenez qu'en suivant vos traces,
Au ciel nous montions après vous.
Aimable saint, priez pour nous :
Nous implorons à vos genoux } *bis.*
Le secours des célestes grâces. }

SAINT VINCENT DE PAUL

I

Amour, reconnaissance,
Au bienheureux Vincent;
De l'Eglise de France
La gloire et l'ornement.

Refrain

Dans le sein de la gloire
Il règne pour jamais :
Célébrons sa mémoire,
Ses vertus, ses bienfaits.

2

Brûlant, dès son jeune âge,
D'une céleste ardeur,
Vincent, pour héritage,
Ne veut que le Seigneur.

3

Quelle tendresse immense
Dans son cœur généreux !
Il est la Providence
De tous les malheureux.

4

Sa parole puissante
Convertit les pécheurs,

Et sa main bienfaisante
Partout sèche les pleurs.

5

Le pauvre en sa chaumière,
L'esclave et l'orphelin,
Trouvent en lui leur père,
Leur Sauveur, leur soutien.

6

Toi, que la France honore
D'un culte solennel,
Veille sur elle encore,
Du séjour éternel.

CANTATE EN L'HONNEUR
DE SAINT JEAN-BAPTISTE DE LA SALLE

Refrain

Salut, noble apôtre de l'enfance ;
Salut, ô prêtre du Seigneur ;
Entends notre reconnaissance,
Reçois l'encens de notre cœur.

1

Un peuple immense te proclame
Bienfaiteur de l'humanité,
Car Dieu, qui consuma ton âme
Des ardeurs de sa charité,
Te suscita dans notre France
Pour semer ses enseignements,
Et du fléau de l'ignorance
Préserver les pauvres enfants.

2

Tu pris comme unique symbole
La croix, le salut des humains ;

Tu fis briller son auréole
Jusqu'aux pays les plus lointains,
Et tu formas à ton exemple
Des apôtres de la vérité.
De l'Eglise qui les contemple,
O Père, ils ont bien mérité.

A SAINT JEAN-BAPTISTE DE LA SALLE

A. DESCOINS

Air n° 22

Refrain

O la Salle, ami de l'enfance,
Providence des jeunes gens,
Sauve leur foi, leur innocence,
Ils seront des chrétiens vaillants.

I

O saint Patron, ô notre Père,
A ton autel nous nous pressons (*bis*).
La jeunesse, au pied de ta chaire,
Vient se nourrir de tes leçons.

2

Ton seul repos fut la prière,
L'esprit de foi, ton aliment;
Là, tu puisais force et lumière,
Amour pur et saint dévouement.

3

« Vivre de foi, non d'ombres vaines, »
C'est là l'esprit de l'Institut;
Faire fleurir les mœurs chrétiennes,
De tes œuvres tel est le but.

4

Par le savoir et la sagesse,
Aide à grandir notre raison ;
Forme une vaillante jeunesse
Près de l'Adour et du Saison.

5

Tout pour Jésus et par sa Mère :
D'un cœur chrétien c'est là le vœu.
Heureux qui sut toujours leur plaire,
Et qui grandit sous l'œil de Dieu.

6

L'enfance à tes leçons s'empresse,
O bienheureux Instituteur ;
Du ciel, souris à la jeunesse
Et sois son ange et son docteur.

7

Veille sur l'école chrétienne
Groupée autour de ton autel ;
Et que ta famille devienne
Ta joie et ta couronne au ciel.

D'UNE SAINTE ALLÉGRESSE

Frère Lucius

Air n° 64

Refrain

D'une sainte allégresse,
Faisons vibrer nos chants ;
Exaltons la tendresse
De l'Ami des Enfants !!!

1

La Salle, ô notre Père,   Reçois l'humble prière
Soutiens nos jeunes ans ;   De tes faibles enfants.

2

Garde notre innocence,
Fais-nous croître en ver-
[tus ;
Apprends-nous la science
Qui conduit à Jésus.

3

Au sentier de la vie,
Affermis tous nos pas ;

Sur le lit d'agonie,
Veille à notre trépas.

4

Au Tribunal suprême,
Obtiens de l'Eternel,
Pour l'Enfance qui t'ai-
[me,
La Couronne du Ciel.

JUSQUES A QUAND

I

Jusques à quand, enfants des hommes
Songerez-vous à vous nourrir
De chimères et de fantômes ?
Ignorez-vous qu'il faut mourir ?
Au fond ténébreux de la tombe
La mort m'appelle, et, sans retour,
Encore un instant, et j'y tombe ;
Et vous demain (*bis*), c'est votre tour.

Refrain

O mort (*bis*), ô triste mort ! ne frappe pas encore !
Je meurs comme la fleur qui n'a vu qu'une aurore.

2

Tel que, dans les champs qu'il inonde,
Soudain un torrent s'engloutit ;
Ainsi, sur la scène du monde,
Toute grandeur s'anéantit.
A peine entré dans la carrière,
On vient nous dire d'en sortir ;
A peine a-t-on vu la lumière
Qu'on ferme l'œil : c'est pour mourir.

3

Toi qui nages dans l'opulence,
Fier oppresseur, ah! tu t'endors?
Lève-toi, le moment s'avance
Qui doit te ravir tes trésors.
Entends sonner l'heure fatale :
La mort te frappe; adieu, tu meurs,
Et sur ta tombe sépulcrale
Nul ne viendra verser des pleurs.

4

Vers le cercueil, hommes frivoles,
En frémissant, portez vos pas;
Contemplez ces vaines idoles
Dont vous encensez les appas.
Adieu, faux éclat du bel âge;
Monde trompeur, tu m'as séduit;
Adieu, je n'aurai pour partage
Que le remords qui me poursuit.

5

Eveillez-vous, race coupable
D'un père prévaricateur;
Pour un bien vil et méprisable,
Oubliez-vous le vrai bonheur?
Seigneur, je bénis ta sagesse :
Détruis, si c'est ta volonté;
Mais prends pitié de ma faiblesse,
Je n'ai recours qu'à ta bonté.

HÉLAS! QUELS CRIS SI LAMENTABLES!

1

Hélas! quels cris si lamentables,
Et quels sanglots!

D'où partent ces voix pitoyables?
   C'est des tombeaux.
Ah! ce sont des chrétiens, nos frères,
   Plaintifs, souffrants;
Compatissons à leurs misères,
   A leurs tourments.

2

De Dieu, la terrible vengeance
   Tombe sur eux.
Ils ne sont plus de sa clémence
   L'objet heureux.
Il punit leur moindre injustice,
   Leur moindre erreur;
Il leur fait boire le calice
   De sa fureur.

3

Tu les comptas sous ta bannière,
   Chaste vertu;
L'éclat de ta pure lumière
   Leur avait plu;
Mais un peu moins de vigilance,
   Faibles humains,
Leur retarde la jouissance
   Du sort des saints.

4

Descendez dans ces noirs abîmes
   De la douleur;
Contemplez ces tristes victimes,
   Dans leur malheur.
Entendez-les crier sans cesse :
   « Voyez nos maux;
Voyez, mortels, notre détresse
   Dans ces cachots. »

5

Hâtez-vous, secourez vos pères,
        Enfants chéris;
Assistez-nous, ô Sœurs, ô Frères,
        Tendres amis;
Soyez sensibles à nos peines,
        Vous le devez;
Rompez! hélas, rompez nos chaînes,
        Et nous sauvez!

6

Justes souffrants, fidèles âmes,
        Consolez-vous;
Vous soupirez du fond des flammes
        Vers votre époux.
Il soumet à nos vœux sincères
        Votre rançon;
Vous obtiendrez de nos prières
        Votre pardon.

7

Dieu de bonté, Dieu de clémence,
        Dieu des vertus;
Nous implorons votre indulgence
        Pour les élus.
Ils gémissent dans l'espérance
        De votre paix.
Soyez enfin leur récompense,
        Dieu plein d'attraits.

CANTIQUES ESPAGNOLS

CRISTIANO SOY

Air : Je suis chrétien

Coro

¡ Cristiano soy ! mi alegria
Será por siempre repetir :
Viva Jesus, viva Maria,
Cristiano soy ! hasta morir !

1

Cristiano soy ! el agua santa,
En el bautismo, me lavó ;
Que pues mi corazon espanta
A ti, Jesús, se consagró.

2

Cristiano soy ! ya fui ungido
Con las insignias del Señor ;
Por su amor, fortalecido,
Combatiré con gran valor.

3

Cristiano soy ! la penitencia,
De mi maldad me curará ;
El buen Pastor, con su clemencia,
A su salud me llevará.

4

Cristiano soy! manjar divino
Me da Jesús en el altar,
Y me enseña buen camino
Para con él siempre gozar.

5

Cristiano soy! cuando la muerte
Vendrá mis penas acabar,
El buen Jesús! ô dulce suerte,
Al cielo me vendrá á llevar.

PROFESION DE LA FÉ CATOLICA DE LOS CATALANES

Firme la voz,
Serena la mirada,
Del mundo en faz,
Cantemos nuestra fé :
De Cristo Dios,
La Iglesia es nuestra Madre;
De Roma, el Rey
Cautivo es nuestro Padre :
Antes morir
Que separarnos de el.
Del pueblo hispano,
Noble y leal,
Aqueste el grito
Siempre será.
¡ Ruja el infierno!
¡ Brame Satan !
La fé de España
No morirá.

PERDON

Refran

¡ Perdon, oh Dios mio !
Perdon é indulgencia ;
Perdon y clemencia,
Perdon y piedad.

1

Pequé, ya mi alma,
Su culpa confiesa ;
Mil veces me pesa
De tanta maldad.

2

Mil veces me pesa
De haber mi pecado
Tu pecho rasgado,
! Oh ! suma Bondad !

3

Yo fui quien, del duro
Madero inclemente,
Te puso pendiente,
Con vil impiedad.

4

Mi rostro cubierto
De llanto lo indica ;
Mi lengua publica
Tan triste verdad.

5

Por mi, en el tormento,
Tu sangre vert ste,
Y prendas me diste
De amor y humildad.

6

Y yo, en recompensa,
Pecado á pecado,
La copa he llenado
De la iniquidad.

7

Mas ya, arrepentido,
Te busco lloroso ;
¡ Oh padre amoroso !
¡ Oh Dios de bondad !

8

No intente yo nunca
Traicion fementida ;
¡ Oh cielos ! mi vida
Primero quitad.

9

Mi humilde plegaria
Traspase las nubes ;
Ardientes Querubes,
Mis votos llevad.

10

Jesús, en mi pecho,
Domine imperíoso,
¡ Dominio dichoso !
¡ Feliz caridad !

<table>
<tr><td>

11

Tu amor, Jesus mio,
Será ya mi anhelo;
Amantes del cielo,
Su amor ensalzad.

</td><td>

12

Dios mio, consuma
Mi vida, ese fuego,
Y admítame luego
En eterna ciudad.

</td></tr>
</table>

NO, NO, NO MAS PECAR, MI DIOS

¡No, no, no mas pecar, mi Dios!
No, no, no mas pecar, mi Dios!
Que yo me arrepiento de veras,
Solo, solo por ser vos quien sois.

1

De un pecador arrepentido,
Mi buen Jesús, ten compasion;
Gimiendo y llorando, suspiro;
Me concedais el perdon.

2

De la corona de tu cabeza,
Mis pensamientos la causa son;
Y por mis culpas, clavado,
Os veo morir de amor.

3

Esos tus ojos, sol de justicia,
Mi vanidad los eclipsó,
Y, respirando clemencia,
Me excitan á compasion.

4

Oh! quién me diera que, por los ojos,
Se derribiese mi corazon,
Y mi vida se acabase
De dolor y compasion!

ESPAÑA PENITENTE

La patria infortunada
Salvad, ó Dios eterno;
Por vuestro siempre tierno
Sagrado Corazón;
Salvadla por Maria,
Estrella de ternura;
O Virgen, Madre pura,
Salvad nuestra nacion.

1

Perdon, oh! Dios! clamamos,
Al pié del altar santo;
Con los ojos en llanto,
Contrito el corazón,
Perdon : por nuestra España!
Que miseria ha habida
A ti clama, afligida,
Perdon, Señor, perdon.

2

Perdon, oh! Dios, implora,
La patria penitente,
Tu diestra omnipotencia;
Deten, piedad, Señor;
Piedad por este pueblo,
Iluso mas que impio,
Que armó en su desafio,
Tu brazo vengador.

3

Perdon, el gran Piloto,
Ay! llora sin consuelo;
Los ojos en cielo,
La mano en el timon,

Y el Angel que recoje
Las lágrimas que llora,
Por nuestra pátria implora,
Perdon, Señor, perdon.

4

Perdon, Corazón santo,
Emblema de ternura;
Emporio de dulzura,
Sol del divino amor;
Perdon por esta llaga
Que en ti sangrienta advierto,
Ay! mas anda la abierto
Oh! España tu furor!

DOLOR Y ESPERANZA

Air : Hélas! quelle douleur!

Coro

¡ Jesus! ay ¡ que dolor
  Mi corázon
Siente del pecado!
¡ Jesus! ay ¡ que dolor
  Mi corazon
Lleno de terror!
¡ Mil veces, ó dichoso
  [tiempo!
La virtud cuando he pra-
  [cticado:
Mas ya, no volverás,
Perdido estás,
¡ No te veré mas!

1

La muerte llega ya,
  Temblor me dá,
¡ Oh! noche espantosa!
La muerte llega ya,
  Todo se vá,
Gustos y placer.
¡ Si la veo que abre mi
  [tumba,
Y su voz lugubre me
  [llama,
Cruel suerte común,
  Joven aun,
La vida perder!

2
Ingrato pecador,
Dios vencedor
Te mira eterno.
Ingrato pecador,
Dios vencedor
Es tu vengador.
Infeliz, oye el duro tru-
[eno,
Del que fué para ti tan
[bueno,
Tiembla, de su honor
Despreciador,
Teme su vigor.

3
¡ Gran Dios, oh que pri-
Que reunión   [sión,
De fuego terrible !
¡ Gran Dios, oh que pri-
Que reunión   [sión,
De abominación !
El infierno tan formida-
[ble,
Es abierto y su prenda-
[pide.
¡ Gran Dios ! que porve-
Llorar, gemir, [nir,
Y siempre morir !

MANDAMIENTOS

AIR : *Le Ciel en est le prix*

¡ Al cielo, al cielo, al cielo quiero ir !
¡ Al cielo, al cielo, al cielo quiero ir !

1
Si al cielo quieres ir,
Con un amor constante,
Con una fe amante,
A Dios has de servir.

2
Al cielo no irás
Si blasfemas lo santo,
Si juras sin espanto,
¡ Ay, no te salvarás !

3
Del cielo gozarán
Los que con alegría,
De la Virgen María
Fieles hijos serán.

4
Al cielo no irás
Si las fiestas profanas,
Y, cuanto en ellas ganas,
Seguro perderás.

5
Al cielo quiero ir ;
La misa veneranda,
Como la Iglesia manda,
Es menester oir.

6

Si al cielo quereis ir,
Hijos, respetad padres;
Niños, respetad madres,
No las hagais sufrir.

7

Al cielo no irán
Los padres descuidados
De sus hijos amados;
¡ Ay, se condenarán !

8

Al cielo quiero ir :
Abajo toda ira,
Odio, rencor, mentira;
Por Dios todo sufrir.

9

Al cielo, sí, iré;
Maria con clemencia
Me dará paciencia,
En paz yo sufriré.

10

Al cielo entrarán
Sólo las almas puras,
Mas ¡ ay de las impuras!
Pues no se salvarán.

11

Al cielo no iréis,
Padres escandalosos,
Hombres licenciosos,
Todos os perderéis.

12

Por gozar del Señor,
Conserva tu pureza,
Conserva tu belleza
Por Dios, tu Creador.

13

A vos hoy pediré
La pureza, Maria;
Por vos, ó Madre mia,
Casto siempre seré.

14

Al cielo quiero ir :
Nunca mas avaricia,
Si debo de justicia,
Quiero restituir.

15

¿ Al cielo quieres ir?
Confiesa sin engaño,
Comulga cada año,
Para Jesús servir.

16

Al cielo no irán
Los que con imprudencia
Ayunos, abstinencia,
Jamás respetarán.

17

Si al cielo quieres ir,
Al Papa obediencia,
A Leon reverencia
Por él vivir, morir !

18
¿Al cielo quereis ir?
No basta el bautismo :
Sabed el catecismo,
Si quereis bien morir.

19
La gloria esperaré
Por vos, ó Reina mia;
Por vos, tierna Maria,
Si, si, me salvaré.

TOQUEN LAS PANDERETAS

1

En Belen, á media noche,
Una Virgen parira (*bis*).
Alegraos, pastorcitos,
El que nace Dios será (*bis*), sí.

Refran
Toquen las panderetas,
Ruido y mas ruido,
Porque las profecias   } *bis.*
Ya se han cumplido;
Sí, sí, ya se han cumplido.

2

Si le vemos,
Como niño,
Entre pajas,
Junto à un buey (*bis*).
Algun dia
Le veremos,
En la gloria,
Como Rey (*bis*), sí.

CANTEMOS, PASTORES

Refran
Cantemos, pastores,
Con santo placer,

Que el sol de los soles
Hoy luce en Belen.

1

¡ Miradle, desnudo,
Y en lecho sin piel,
Temblando de frio,
Quien dió al fuego ser!

2

Un niño precioso,
Divino Manuel,
En pajas echado
Vayamos á ver.

3

Miradle, que hermoso.
De la Virgen fiel,
Por gracia fecúnda,
La leche extraer.

4

Dos brutos al lado
Se encuentran con el;
¡ O! suma bajeza
Del Dios de Israel !

QUE CONSUELO, QUE ALEGRIA

Air : Les Anges dans nos campagnes

Coro

Gloria in excelsis Deo.

1

¡ Que consuelo, que alegria,
Ha nacido el Salvador !
Nos es dado por Maria
Este niñito Redentor.

2

Vamos pronto, con ternura,
Vamos todos á consolar
A Jesus, nuestra dulzura,
Que su amor hace llorar.

3

¡ Ay ! tiritas, ó Dios mio,
Yo te quisiera calentar;
Dime, divino Jesus mio,
Como te puedo ayudar.

4

¡ Oh ! Maria, madre mia,
Vos, Jesu mi Redentor;
Os quiero dar á porfia
Mis homenajes de amor.

5

Jesus mio, ¿ porque lloras?
¿ Porque tiritas con dolor?
Lloro por los pecadores,
Por ellos ruego con fervor.

6

No llores, niño hermoso,
Por tu amor evitaré
Todo pecado, y, dichoso,
Hasta morir te serviré.

HA NACIDO MI DIOS, MI BIEN

Air : Il est né, le divin Enfant

Coro

Ha nacido mi Dios, mi bien;
Cantemos todos con alegria;
Ha nacido mi Dios, mi bien;
Corred todos, id á Belen.

1

Este niñito es Redentor
De todos los pobres mortales;
Este niñito es Redentor,
Es remedio del pecador.

2

Tierno niño, dulce amor,
¡ Ay ! por mi como tiritas;

Tierno niño, dulce amor,
¿Porque lloras, mi Salvador?

3

A tu alma quiero salvar
Con mil penas y mil suspiros;
A tu alma quiero salvar,
Mira cuanto debes amar.

4

Demos, demos el corazon,
Al niñito, porque no llore;
Demos, demos el corazón
A Jesús, nuestro galardón.

CON TUS DULCES.....

Coro

El recien nacido,
De Dios hijo es;
Los pastores, todos,
Besemos sus piés.

} *bis.*

1

Con tus dulces ojos,
Jesus, mirame;
Que solo con eso
Me consolaré;

} *bis.*

De mi no te ausentes,
Pues, solo, que haré?
Cuando tu te vayas,
En pos llevame.

} *bis.*

2

Tiernecito Niño,
Mi Jesus, mi bien,
Eres dulce y suave
Cuál panal de miel.

} *bis.*

Entre pajas naces,
Del cielo gran Rey,
Y á tu lado tienes
La mula y el buey. } *bis.*

3

La vida, bien mio,
Y el alma tambien,
Ofrezco, gustoso,
Rendido á tus piés. } *bis.*
Niño de mi alma,
Jesus, salvame;
Y á tu lado, siempre,
Feliz yo seré. } *bis.*

AL SANTÍSIMO NOMBRE DE JESUS

Air : *Puissant protecteur de l'enfance*

De Jesus, el nombre digamos,
El será nuestro galardón;
Y en la vida, si le amamos,
Nos dará la eterna mansión.

1

De Jesus! el nombre admirable,
Es escudo seguro y fiel;
En el todo es mejable,
Es mas dulce que la miel.

2

Jesus ¡ay! que nombre amoroso;
¿ Como no le pueden amar?
En la vida, mar borrascoso,
Con él nos podemos guiar.

3

Jesus nos dará paciencia
Para llevar siempre la cruz;
En la noche de esta tierra
Nos alumbrará de su luz.

4

Jesus, consolador del triste,
Fuente amparo del pecador;
Hoy tu nombre mi alma hiere,
La inflama de tu amor.

5

Huya el mundo, sus alegrias,
Ruja el infierno con su poder;
En Jesus pongo mis delicias,
En él no me puedo perder.

VEN, JESUS, MI SALVADOR

Air : Le voici, l'agneau si doux

Coro

Ven, Jesus, mi Salvador,
Divino Cordero;
Ven á mi, dulce Señor;
Mi Dios, mi amor,

1

Eres Padre tierno,
Eres buen Pastor;
Eres Verbo eterno,
Nuestro Redentor.

2

De mi esperanza
Eres galardon;
Te rindo alabanza
Y adoracion.

3

Yo en ti espero :
Aumenta mi fé;
Con amor sincero
Te recibiré.

4

O Sabiduria,
Eterno Señor,
Ven en este dia
Darme tu amor.

5

Jesus, de mi vida,
Nunca mas pecar;
Mi alma rendida
Te quiere amar.

6

En esta apariencia,
Divino manjar,
Tu santa presencia
Quieres ocultar.

AL SAGRADO CORAZON DE JESUS

Air : Pitié, mon Dieu

Coro

Deten tu mano,
Jesus, perdon!
Salva al pueblo Hispano,
Sagrado Corazon!

1

Tu Corazon, ó mi Jesus amado,
Será por mí escuela del amor;
Guardame, pues, ó Jesus adorado,
En El podré servirte con fervor.

2

En ti, Jesus, pongo mi confianza;
Tu Corazon, por mi siempre será
Asilo fiel y puerto de esperanza,
En él mi Dios no me desechará.

3

Perdon, mi Dios, por la pátria querida;
Ingrata fué á tu grande bondad;
Mirala hoy como, arrepentida,
Pide perdon, clama : Dios, piedad!

4

Perdon, Jesus, por todos los blasfemos
Que tu rigor excitan sin cesar;
Por ellos hoy perdon te pediremos;
Haz, mi Jesus, que se puedan salvar.

5

Dad, mi Jesus, por amor de Maria,
Al Papa-Rey, del mundo gran doctor,
Gloria, honor, victoria y alegria!
Pronto, Jesus, pronto, mi Salvador!

6

En Monserrat, en el Pilar sagrado,
Maria clama : ¡ O dulce Corazon!
Perdon, perdon, por mi pueblo amado;
Piedad, perdon, dulce Hijo, perdon!

MARAVILLAS DE LA GLORIA

AIR : Ne tarde plus

Coro

Volad, volad, al cielo, volad mi corazon!
Vereis en el sin velo, á Dios rey de Sion!

1

¡O delicioso gloria,
En que reina Jesus!
Con el esta Maria;
Quisiera ver su luz.

2

Vos, angeles del cielo,
Llevadme hasta Dios;
Que sin cesar anhelo,
Verle siempre con Vos.

3

Alli veré tu cara,
Oh! Jesus de bondad,
Y gozará mi alma
De tu felicidad.

4

Hablaré vuestra lengua
Oh! bello serafin,
Y gozaré sin mengua,
Vuestro gozo sin fin.

5

Ha de durar mi dicha
Por una eternidad;
Siempre será mi vida
Toda felicidad.

6

¡Oh! Dios del paraiso
Y sol de la verdad;
Seras tu mi reposo,
Augusta Trinidad.

LLENOS DE GOZO, CELEBREMOS

Air : Puissant Protecteur

Coro

Llenos de gozo, celebremos
A Jesús nuestro Salvador,
A la Reina del cielo demos
Dignos homenages de amor.

I

Ensalzemos las grandesas
De Jesús, Dios de bondad;
Publiquemos las finezas
De su ardiente caridad.

2

Cantemos himnos de alabanza
A nuestra Madre celestial;
Es su piedad nuestra esperanza,
Escudo contra todo mal.

3

A Jesús, loor, victoria,
Honor, inmortal amor;
A Maria, prez y gloria,
Tributamos con ardor.

AL ESPIRITU SANTO

Air : Esprit saint, Dieu de lumière

Coro

Venid, ó Dios de las luces,
Vos que sois fuego de amor;
Bajad del cielo á la tierra
Y encended el corazon.

1

O Dios de inmensa bondad,
Inflamad mi corazon,
Con vuestro amor celestial,
En esta santa mision.

2

Haced que todos vengamos,
Abrasados en amor,
A oir la vuestra palabra,
Pues sois nuestro Salvador.

3

Enseñadnos esa ciencia
Que nos dirija hácia Vos;
Y así rendiremos siempre
Homenaje á vuestro amor.

4

Iluminad nuestras almas
Con la antorcha de la fé,
Y todos conseguiremos
Penetrar en vuestro Eden.

VENID Y VAMOS TODOS

Refran

Venid y vamos todos,
Con flores á porfia,
Con flores á Maria,
Que Madre nuestra es !   } *bis.*

1

De nuevo aqui nos tienes,
Purisima doncella,
Mas que la luna bella,
Postrados á tus piés.

2

A ofrecete venimos
Flores del bajo suelo;
Con cuanto amor y an-
Señora, tú lo ves! [helo,

3

Por ellas te rogamos,
Si cándidas te placen;
Las que en la gloria na-
          [cen
En cambio tú nos dés.

4

Tambien nos presenta-
          [mos
Como mas gratos dones:
Rendidos corazones
Que ya tú posees.

5

No nos dejes un punto,
Que el alma pobrecilla
Cual frágil navecilla,
Sin tí diera el través.

6

Tu poderosa mano
Defiendanos, Señora;
Que siempre, desde aho-
          [ra,
A nuestro lado estés!

AVE MARIA

Coro I

Ave Maria
Porque eres mi Madre,
Mi tierna Madre,
Ave Maria.

Coro II

Ave, ave, ave Maria (*bis*).

1

O Virgen Maria,
Canto con fervor,
Con gran alegria,
Tu dulce amor.

2

Mi alma reposa
Ante tu altar;
Mi corazón goza,
Pudiendo cantar.

3

O Angel dichoso
O San Gabriel,
Saluda amoroso
A la Virgen fiel.

4

Decid, almas puras,
Todas confesad
Las tiernas dulzuras
De tanta bondad,

5

En tus santas plantas
Quiero descansar;
Tus virtudes santas
Quiero meditar.

6

Mi pecho reclama,
Madre del Señor,
Enciendas la llama
Del mas puro amor.

7

O Virgen del Cielo,
Tu siempre serás
Mi grande consuelo,
Tu me salvarás.

8

Por tí la pobreza,
Madre, sufriré;
Toda mi riqueza
En tí hallaré.

9

Mis enfermedades,
Madre, cuidarás;
Todas mi maldades
Me perdonarás.

10

Pobres navegantes,
Al cielo mirad;
En todos instantes
Maria llamad.

11

En tus dulces brazos
Yo esperaré;
Entre tus abrazos
Si, si moriré.

12

Obtenme victoria,
Hazme triunfar;
Corona de gloria,
Hazme alcanzar.

O DULCE PASTORA!

Estribillo

Ave, ave, ave Maria,
Ave, ave, ave Maria.

1

O dulce Pastora,
Madre de mi amor,
Escucha el suspiro
De este pecador.

3

Quiero en adelante
Ser tu servidor,
Y un fiel amante
De mi Salvador.

<table>
<tr><td>

2

Pues eres mi Madre;
Ten hoy compasion
De tu pobre hijo
Que pide perdon.

</td><td>

4

Ya no mas pecado,
Digo con dolor;
Ya no mas pecado,
Digo con amor.

</td></tr>
</table>

¡OH! MARIA, MADRE MIA

AIR : De concert avec les Anges.

Refran

¡ Oh Maria,
Madre mia!
Oh consuelo del mortal!
Amparadme
Y guiadme
A la patria celestial.

I

Con el Angel, de Maria
Las grandezas celebrad; .
Transportados da alegria,
Sus finezas publicad.

2

Salve, júbilo del cielo,
Del Excelso dulce iman;
Salve, hechizo de este suelo,
Triunfadora de Satan.

3

Quien á ti ferviente clama,
Halla gloria en el pesar ;
Pues tu nombre, luz derrama,
Gozo y bálsama sin par.

4

De sus gracias tesorera
La nombró tu Redentor,
Con tal Madre y Medianera,
No, no temas, pecador.

5

Pues te llamo con fé viva;
Muestra, ó Madre, tu bondad;
A mí vuelve, compasiva,
Esos ojos de piedad.

6

Jardin halle de dulzuras
En mi pecho el Hacedor;
En él broten flores puras,
Frutos de tu santo amor.

7

Hijo fiel, quisiera amarte
Y por ti solo vivir,
Y, por premio de ensalzarte,
Ensalzándote morir.

8

Del Eterno las riquezas
Por ti logre disfrutar,
Y contigo sus finezas
Mil y mil siglos cantar.

SALVE, SEÑORA

Refran

Reina del Cielo y la tierra
Valga nos tu intercesion
Pues que Madre nuestra eres
Y tambien Madre de Dios.

1
Salve, Señora,
Reina del Cielo,
Madre y consuelo
Del pecador.

2
Vida y dulzura,
Nuestra esperanza,
Nave segura
De Salvacion.

3
Los desgraciados
De Eva nacidos,
Sin tí afligidos
Solos se ven.

4
Vuelve, abogada,
Vuelve á nosotros
La tu mirada,
Fuente del bien.

5
A tí, de gracias,
Y dones llena,
Dicen su pena
Con triste voz.

6
Los desterrados
En este valle,
Los condenados
Siempre á dolor.

7
Dános, Señora,
Deshecho el hierro
De este destierro,
Ver á Jesus.

8
Divino fruto,
De vuestro seno
Por nos tributo
Muerto en la Cruz.

9
Y en tanto, oh dulce
Virgen piádosa,
Pura y hermosa,
Madre de Dios.

10
Pues aguardamos
Santas promesas,
Tiernos rogamos,
Ruegues por nos.

LA BENDICION DE MARIA

Aire: Bienheureux, qui dès le premier âge

Coro

O Virgen, Madre mia,
Dame tu bendicion
Al declinar el dia,
Y recibe mi corazón.

1

Al empezar mis tareas
Te invoque con piedad ;
Al concluir hoy mi faenas,
Imploro tu gran bondad.

2

El dragon rabioso,
Satán, me quiso perder ;
Mas tu brazo amoroso
Me libró de su poder.

3

Mi descanso he hallado
En tú dulzura y amor.
En tí siempre he confiado,
Eterna Madre del Señor.

4

En la noche de mi vida
La Virgen me guardarà,
A la patria prometida
Ella me conducirá.

5

En la tierra, desterrado,
A tí siempre suspiraré ;
Hasta que haya llegado
Donde siempre te veré.

NUESTRA SEÑORA DE MONSERRAT

Air : Reine de France

Coro
España canta,
De Monserrat

La Virgen santa,
La Madre de bondad!

1

De Monserrat la Virgen veneranda
Siempre será, del pueblo oriolan,
Patrona fiel y madre proclamada,
Mil pueblos mas la buscan con afan.

2

Por socorrer á la patria querida,
Quiso venir, en tiempo de terror,
Por descubrir á la tierra afligida,
Del Savador, tesoros de amor.

3

Nuevo Thabor, montaña violana,
Trono sin par y solio celestial;
De la Virgen y Madre soberana,
Siempre serás un monte sin igual.

4

Mil años ha que nuestra Madre pura
Apareció en su trono real;
Mil años ha que su grande dulzura
De su lugar alejar todo mal.

5

Por tu Jesús, los pueblos perseguidos,
De Monserrat, siempre proclamarán
El gran amor con que favorecidos,
Fueron de tí, Virgen siempre dirán.

6

O Pecador, no temas, no, tu Madre,
Ella sufrió por poder alcanzar
De tu Jesús, de tu tan dulce Padre
Que su amor te pueda perdonar.

LA SANTA FAMILIA

Air : Jésus, Joseph et Marie!

Coro

San José, mi alegria,
Vos Jesus, mi Redentor,
Concedenme la gloria,
A mí que soy pecador.

1

O que dichosa familia,
En que reina la bondad;
Dignos todos á porfia,
Alabanzas de piedad!

2

O que bondadoso Padre,
O que Niño sin igual;
O que buena esta Madre,
Que conjunto celestial!

3

Huyen todos á Egipto,
A librarse del furor;
Atraviesan el desierto,
Obedecen al Señor.

4

José, de los buenos padres,
Es modelo muy cabal.
Maria es, de las madres,
Un retrato sin igual.

5

Mirad como obedece
Del mundo el Creador;

Es de todos el alcance :
Imitarle con fervor.

6

A vos la obediencia,
Buen Jesús, hoy pediré,
Con la dulce paciencia,
Y por siempre cantaré :

7

La pureza, oh! Maria,
Sí, por vos alcanzaré ;
Y siempre con alegria
En la tierra os diré :

8

José, me dareis la gracia
De morir en el amor
De Jesús y de Maria :
Obtenedme este favor.

A SAN JOSÉ

Air : Noble époux de Marie

Coro

Por sus ruegos, oh! san José,
Mil favores alcanzaré.

1

El Señor, Dios del cielo,
Su Padre le llamó ;
En esto bajo suelo,
José le sustentó.

2

A Jesus perseguido,
Por Herodes traidor,
San José ha servido
Con ternura y amor.

3

De Jesús, mil caricias
San José recibió ;
Inefables delicias
A torrentes bebió.

4

En su muerte dichosa
Jesús le asistió ;
Como esposa amorosa,
Maria le cuidó.

<table>
<tr><td>

5

La Iglesia le tiene
Por general Patron;
De Jesús el obtiene,
Por nosotros, perdon.

</td><td>

6

San José glorioso,
Siempre protegerais,
Este Padre amoroso;
No nos olvides, nó.

</td></tr>
</table>

GUARDIAN DE LA VIRTUD HERMOSA

Air : Puissant Protecteur de l'enfance

Coro

Guardian de la virtud hermosa,
De las almas fiel protector,
Obten:dos vivir con pureza
Y morir en gracia del Señor.

1

Casto esposo de Virgen Madre,
Que por hijos nos adoptó,
Tambien eres tu nuestro Padre
Ah! protegednos con amor!

2

Los encantos de nuestro suelo
Nos harás siempre despreciar,
A la eterna mansión del cielo
Guiarás nuestro corazon.

3

O Patrón de la buena muerte,
Imploramos tu proteccion,
Por tener la dichosa suerte
De morir con tu benedición,

MARCHA DE SAN IGNACIO DE LOYOLA

Primera Parte

Solo. Fundador sois, Ignacio y Genèral.

Coro.   De la Compañia real
        De Jesús,
      Hueste belicosa leal,
      ¿Que arrogante caudillo
      Osará en su furor
      Eclipsar el gran brillo
      De vuestro valor?
Lance, lance á la liza, Averno infiel,
      Con sus monstruos, á Luzbel.
        (*Se repite* Fundador, etc.)
      En tus filas se inmola
      El celeste escuadron ;
      Por Jesús quien tremola
      Tu invicto pendon.
Al contrario infunde el rayo vengador,
      Cruel terror.

Duo.   En tí siempre campea
      Denuedo marcial
      Y al Empireo recrea
      Tu fé sin igual :

Coro.   Contigo avasánse
      Guerreros férvidos,
      En valor inclitos;
      Con Luzbel bátense
      Y alzan sus lábaros;

Duo. En el combate campal,
      Fiel presagio
De paz benefica y del laurel,

Coro.   Que coronará tu sien.
        (*Se repite* En tus filas, etc.)

Segunda Parte

Solo. Capitan, grande sois, Ignacio, sin par

Coro.   De la falange inmortal,
        De alta prez
       Y baluarte de la Fé,
       Quien concita á la guerra,
       Al herege, al infiel;
       Quien espanta y altera
       Al soberbio Luzbel :
    Son arnés de la augusta religion,
       Su pericia y su valor!
        (*Se repite* Capitan.)
       De los triunfos colora
       El radiante fulgor,
      Desde el seno de Aurora
       Hasta Iberica region;
    Ya resuenan sus conquistas con honor.
       En Japon,

Duo.   Campo estrecho á su celo,
       En el vasto Mogol
       Y del Africa, el suelo,
       Agarrena mansion;
       Arrostra, impávida,
       Climas terrificos
       De ambas Américas;
       Al Indio misero
       Y al Rey cetrifero,

Duo.   Va prodigando á la par
        Los trofeos
     Del triunfador celestial Jesús,

Coro.   Del triunfador Jesús.
              (*Se repiten* De los triunfos, etc.)

TERCERA PARTE

Solo. Gran Patron de la Cantábra nacion,
Coro.   De la Iglesia fiel Campeon,
                  Tu escuadron
              Aun del piclago triunfó,
              En mil chóques venciendo
              Al dragon infernal;
              Cuando al Ponto rugiendo
              Amenaza estrellar
          En tus rocas la nave, con fragor,
              Del romano pescador.
                  (*Se repite* Gran Patron, etc.)
              Tus pilotos oponen
              Su ezfuerzo y valor,
              Y las ondas deponen
              Su rabia y furor,
          Y la nave amedrantando al bravo mar
                  Surca en paz

Duo.   Si las nuevas tormentas
              Se sienten bramar,
              Y mil trombas sedientas
                  Las nubes rajar,

Coro.   Entonces, subito,
              Tus hijos lanzanse,
              Con pecho intrépido,
              Del Ponto indomito
              Las sañas rábidas

Duo.   Y su rengor á domar
              Y en su triunfal
              Rumbos doslizase el real bajel,

Coro.   De san Pedro el real bejel.

SAN IGNAZIOREN MARTCHA

Lenengo Partea

Batena. Ignazio, gure Patroin handia.

Guziona.   Jesusen Compañia,
        Fundatu
    Eta dezu armatu :
    Ez da ez et' etsairik.
    Jarriko zatzunik;
    Iñolaz haurrean,
    Gaurko egunean;
  Naiz betor Lucifer debrua
    Utzirik infernua.
        (*Berriz :* Ignazio.)
    Zure soldaduak
    Dirare aingeruak,
    Zure gidaria
    Da Jesus handia,
  Garaitu dituzte, zure anayak,
    Etsayak.

Birena.   Ez dauka Fedeak,
    Ez, Kristau nereak,
    Ez dauka bildurrik
    Iñungo aldetik?

Guziona.   Ignazio ordago,
    Bethi ernai dago,
    Or dauka jendea,
    Chit garatzalea
    Bandera altchaturik.

Birena.   Gerran azaldu nairik;
    Gau eta egun
    Guztiok bakea dezagun.

Guziona.   Belhi gau eta egun
        (*Berrico : Zure soldaduak.*)

BIGARREN PARTEA

Batena.   Ignazio, bildu dezu munduan,

Guziona.   Arritzeko moduan,
        Jendea,
      Fede bitiz bethea,
      Jende jakintzua
      Eta indartsua,
      Bethi dabilena
      Gerretan haurrena
   Elizaren etsayak bilhatzen
      Topatu ta garaitzen.
        (*Berrico : Ignazio, bildu, etc.*)

      Dituzu anayak
      Gerra egun nayak,
      Da oyen legea
      Etsai garraitzea;
      Oyek ditu bere gordetzaleak,
        Fedeak.

Birena.   Dirade ezagun;
      Dabiltza gau eta egun
      Europan, Asiyan,
      Afrikan, Amerikan;

Guziona.   Legorrez eta ichasoz
      Dijoaz ta datoz,
      Dabiltza nekean,
      Indio tartetan
      Edo Errege echean.

Birena.   Jesusen izenean,
      Bethi pelean,

Bizitzak dirauben artean
Bethi bethi pelean?
(*Berriko* : Dituzu, etc.)

HIRUGARREN PARTEA

Batena. Ignazio, dira zure anayak,
Guziona.   Ichas gizon argiak,
        Arraunak,
    Bogatzen dakienak,
    Pedroren ontzia
    Badago ertzia.
    Arroka tartean,
    Egunen batean,
  Bertatik bethean dira sartzen.
    Eta argana joaten :
        (*Berriko* : Ignazio, etc.)
      Sokakin loturik,
    Arroken artetik,
    Baldin bada etsairik,
    Oyek garaiturik,
  Han daramate ontzia kayera
      Lurrera.
Birena. Naiz izan ekaitza
    Bogatzeko gaitza
    Eta baguen goyak
    Naiz busti odeyak.
Guziona. Arrauzak arturik,
    Alkar alaiturik,
    Bethean sarturik
    Bizitzaz azturik
    Boa, boa deirik.
Birena An dijoaz kayetik
    Bultzeaz killa
  Pedroren ontziaren bilha
Guziona. Bethi bultzeaz killa.

SUPPLÉMENT

La Sainte FAMILLE de JÉSUS, MARIE, JOSEPH

Aux Premières et Deuxièmes Vêpres

O lux beata cœlitum
Et summa spes mortalium,
Jesu, o cui domestica
Arrisit orto caritas :

Maria, dives gratia,
O sola quæ casto potes
Fovere Jesum pectore,
Cum lacte donans oscula :

Tuque ex vetustis patribus
Delecte custos Virginis,
Dulci patris quem nomine
Divina proles invocat :

De stirpe Jesse nobili
Nati in salutem gentium,
Audite nos qui supplices
Vestras ad aras sistimus.

Dum sol redux ad vesperum
Rebus nitorem detrahit,
Nos hic manentes intimo
Ex corde vota fundimus.

Qua vestra sedes floruit
Virtutis omnis gratia,
Hanc detur in domesticis
Referre posse moribus.

Jesu, tibi sit gloria,
Qui natus es de Virgine,
Cum Patre et Almo Spiritu
In sempiterna secula. Amen.

℣. Verbum caro factum est, alleluia. ℟. Et habitavit in nobis, alleluia.

SAINT JEAN-BAPTISTE DE LA SALLE

Alma quem Sion celebrat beatum
Hac dies festa decet, o Joannes,
Nos tuas sacras memorare dulci
　　Carmine laudes.

Degis in terra comes angelorum
Qui student flori juvenilis ævi,
Semper in cælis simul intuentes
　　Numinis ora.

Dum tenent curæ vigiles scholarum,
Sublevat mentem fidei volatus;
Pro Deo pugnans, animas requiris
　　Inclytus heros,

Te pium laudant pueri patronum
Te ducem sanctum recolunt magistri,
Te vocant cuncti meritis potentem :
　　Omnibus adsis.

Sit decus summæ Triadi perenna,
Quæ dat infanti resonare laudem
Integram; linguæ fateantur omnes
　　Cuncta regentem. Amen.

TABLE DES MATIÈRES

Chants latins

Pages

Chants français

Chants espagnols

Bayonne, imp. L. Lasserre, 20, rue Gambetta.

www.ingramcontent.com/pod-product-compliance
Ingram Content Group UK Ltd.
Pitfield, Milton Keynes, MK11 3LW, UK
UKHW021255180726
13837UKWH00007B/46